새 이화 한국어

새 이화 한국어 Workbook 4-2

지은이 이화여자대학교 언어교육원(김민정・이정연・조정민・윤여옥・전우주・최형연・주현하)
감수 이민경

펴낸날 1판 1쇄 2025년 12월 2일

펴낸이 주소현 **펴낸곳** 이화여자대학교출판문화원
주소 서울특별시 서대문구 이화여대길 52 **등록** 1954년 7월 6일 제9-61호
전화 02-3277-2965(편집), 02-362-6076(마케팅) **팩스** 02-312-4312
전자우편 press@ewha.ac.kr **홈페이지** www.ewhapress.com
책임편집 이혜지 **디자인** 김리영 **일러스트** 정윤서
녹음 오렌지 커뮤니케이션즈 **성우** 권도일, 이아름

ISBN 979-11-5890-561-3 14710
979-11-5890-490-6 (세트)

* 잘못된 책은 구입처에서 바꾸어 드립니다.

새 이화 한국어

Workbook
4-2

이화여자대학교 언어교육원 지음

김민정・이정연・조정민

윤여옥・전우주・최형연・주현하

이화여자대학교출판문화원

머리말

이화여자대학교 언어교육원은 외국인 학습자들에게 한국어 학습의 길잡이가 된 『이화 한국어』를 이을 새로운 의사소통 중심 교재인 『새 이화 한국어』를 2023년에 발간하였습니다. 새로운 시대 흐름에 맞춘 교재인 『새 이화 한국어』를 발간함과 동시에 교재에서 다룬 내용을 재확인하고 내재화시킬 수 있도록 연습서인 『새 이화 한국어 Workbook』도 발간하기에 이르렀습니다.

『새 이화 한국어 Workbook 4』는 교재에서 다룬 어휘와 표현, 문법, 듣기, 말하기, 읽기, 쓰기의 내용을 바탕으로 다양한 활용 연습이 가능하도록 설계하였습니다. 또한 학습자들의 문법 사용 능력과 의사소통 능력을 동시에 향상시키고자 도모하였으며 이를 위해 정확성과 유창성을 기를 수 있도록 다양한 연습 문제를 제공하였습니다.

특히 교재에서 학습한 어휘와 표현의 의미를 정확히 파악하고 이를 실생활에서 활용할 수 있도록 연습 문제를 구성하였습니다. 또한 한국어 표현 능력 강화를 위해 말하기는 핵심어를 제시하여 실제적인 대화를 구성할 수 있도록 하였으며 쓰기는 글의 형식에 맞춰 주제 중심의 단락을 구성하는 연습이 가능하도록 하였습니다. 이와 더불어 듣기와 쓰기, 읽기와 쓰기 등 다양한 언어 기능을 연계하여 통합적인 연습이 이루어질 수 있도록 문제를 구성하였습니다. 무엇보다 각 단원의 문법 설명을 부록으로 제공하여 학습자들이 스스로 학습할 수 있도록 하였습니다. 이에 따라 이 책이 한국어 학습자들에게 효과적인 연습 도구가 되기를 기대합니다.

이 책이 발간되기까지 많은 분들의 땀과 노고가 있었습니다. 이화여자대학교 언어교육원을 대표하여, 좋은 워크북을 개발하기 위해 밤낮으로 고민하고 집필에 매진하신 저자분들께 깊은 감사를 드립니다. 또한 워크북이 발간되기까지 여러 가지 행정적 지원을 아끼지 않고 수고해 주신 언어교육원 행정실에도 진심으로 감사를 드립니다. 그리고 감수를 맡아 이 책의 구성과 내용에 많은 조언을 해 주신 이민경 교수님께도 감사의 말씀을 드립니다. 마지막으로 이렇게 멋진 모습으로 워크북이 발간될 수 있도록 편집과 출판을 맡아 주신 이화여자대학교 출판문화원에도 깊은 감사의 마음을 전합니다.

아무쪼록 이 책이 국내외에서 널리 활용되어 한국어를 쉬우면서도 재미있고 효과적으로 교수·학습하는 데에 크게 기여하기를 바랍니다. 아울러 앞으로 나아가야 할 한국어 교육의 방향을 선도하는 역할도 하게 되기를 기대합니다.

2025년 12월
이화여자대학교 언어교육원
원장 박선희

차례

Workbook 구성표

단원	단원명	어휘와 표현	문법	
7단원	**건강한 생활**	수면과 자세 건강	A/V-(으)ㄹ 따름이다 (이)나마 V-는 김에 V-고자	㉠더 N을/를 통해(서)
8단원	**문제와 해결 방안**	문제 상황과 해결 방법 사과와 용서	A/V-(으)ㄹ까 봐(서) V-는 사이(에) A/V-(으)ㄴ/는 줄 A/V-(으)ㄴ/는 탓에	㉠더 N에 비해(서)
9단원	**언어와 생활**	언어 습관 언어 사용	V-다(가) 보면 V-아/어 두다 N만 같아도 V-는 한	㉠더 A/V-(으)ㄹ 정도 ㉠더 A/V-(으)ㄹ 수밖에 없다
10단원	**우리 주변의 이웃**	갈등과 해결 방법 이웃을 위한 도움	V-(으)려야 V-아/어 대다 V-(으)ㄹ 뻔하다 (이)야	㉠더 -거리다
11단원	**고민과 후회**	고민 후회	V-는 통에 V-았/었더니 A/V-고도 V-(으)ㄹ걸(후회)	㉠더 A/V-(으)ㄹ걸(추측)
12단원	**환경과 기후 변화**	환경 오염 환경 보호 활동	N(으)로 인해 A/V-더라 N마저 A/V-기는요	㉠더 A/V-(으)ㄹ 지도 모르다

듣고 쓰기	말하기	읽고 쓰기
잠을 잘 자는 방법에 대한 라디오 방송 듣고 쓰기 증상과 그 증상에 도움이 되는 운동에 대한 대화 듣고 쓰기	건강 계획을 묻는 설문 조사 결과에 대해 말하기 건강에 좋은 음식 권하기	건강 상식에 대해 묻고 답하는 인터넷 게시판 글 읽기 건강 상식에 대한 반박의 글 쓰기
잘못 배달된 택배에 대한 대화 듣고 쓰기 원룸 계약을 못 하게 된 상황에 대한 대화 듣고 쓰기	생활 속 문제 상황에 대해 말하기 규칙을 어긴 것에 대해 정중하게 사과하기	면접을 보러 가지 못한 상황에 대해 쓴 일기 읽기 잘못한 일에 대한 사과의 이메일 쓰기
칭찬의 중요성에 대한 대담 듣고 쓰기 한국어 표현의 어원에 대한 강연 듣고 쓰기	신조어에 대해 말하기 유행어 사용의 장단점과 지나친 사용에 대한 문제점 지적하기	올바른 언어 사용에 대해 설명하는 인터넷 게시판 글 읽기 올바른 언어 사용에 대한 주장의 글 쓰기
이웃 간 층간 소음에 대한 대화 듣고 쓰기 남을 도운 사람에 대한 대화 듣고 쓰기	남을 도운 경험에 대해 말하기 재능 기부 봉사 활동 참여 권하기	어려운 이웃을 돕는 사람에 대해 인터뷰한 기사문 읽기 어려운 이웃을 돕는 사람에 대한 소개의 글 쓰기
진로 고민에 대한 대화 듣고 쓰기 대인 관계 고민에 대한 대화 듣고 쓰기	대인 관계를 원만하게 하기 위한 방법에 대해 말하기 대회 결과에 대해 후회하기	우수 사원이 된 소감에 대해 쓴 잡지 글 읽기 후회하던 일을 극복한 것에 대한 편지글 쓰기
날씨와 기후 변화에 대한 대화 듣고 쓰기 환경 보호에 대한 공익 광고 듣고 쓰기	멸종 위기 동물에 대해 말하기 환경 문제 해결을 위한 실천 경험 말하기	일회용품 사용 인식을 조사한 결과에 대해 인터뷰한 기사문 읽기 일회용품 사용에 대한 조사 결과의 글 쓰기

더 더 알아보기

Workbook 구성과 사용법

- 『새 이화 한국어 Workbook 4-1』, 『새 이화 한국어 Workbook 4-2』는 『새 이화 한국어 4-1』, 『새 이화 한국어 4-2』에 맞춰 개발된 연습서이다.
- 교재에서 학습한 내용의 보충, 심화 학습이 가능하도록 설계되었으며 학습한 내용을 스스로 공부할 수 있도록 개인 학습용으로 개발되었다.
- 각 단원은 '어휘와 표현', '문법', '듣고 쓰기', '말하기', '읽고 쓰기' 총 5개 영역으로 구성되어 있다.
- 각 단원별 연습 문제 이외에 문법에 대한 주요 설명이 별도의 부록으로 구성되어 있다.

어휘와 표현

교재의 소단원 1, 3에서 다룬 '어휘와 표현'의 연습 부분이다. 어휘와 표현의 의미를 확인, 점검하는 문제와 이를 활용해 어휘 사용 능력을 향상시킬 수 있는 다양한 유형의 연습 문제로 구성하였다.

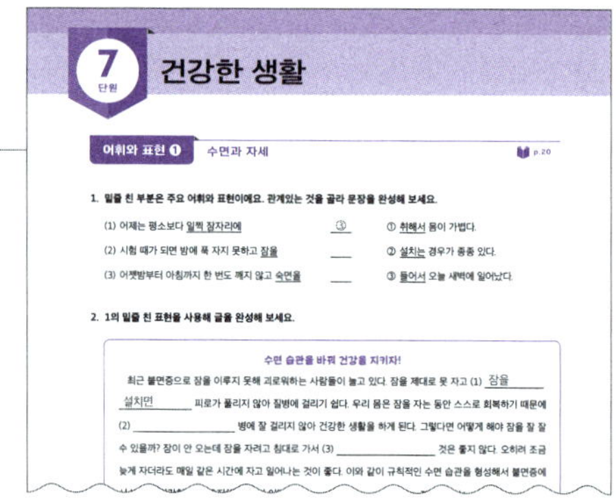

7 단원 건강한 생활

어휘와 표현 ❶ 수면과 자세 p.20

1. 밑줄 친 부분은 주요 어휘와 표현이에요. 관계있는 것을 골라 문장을 완성해 보세요.

(1) 어제는 평소보다 일찍 잠자리에 ③ ① 취해서 몸이 가볍다.
(2) 시험 때가 되면 밤에 푹 자지 못하고 잠을 ___ ② 설치는 경우가 종종 있다.
(3) 어젯밤부터 아침까지 한 번도 깨지 않고 숙면을 ___ ③ 들어서 오늘 새벽에 일어났다.

2. 1의 밑줄 친 표현을 사용해 글을 완성해 보세요.

수면 습관을 바꿔 건강을 지키자!
최근 불면증으로 잠을 이루지 못해 괴로워하는 사람들이 늘고 있다. 잠을 제대로 못 자고 (1) 잠을 설치면 피로가 풀리지 않아 질병에 걸리기 쉽다. 우리 몸은 잠을 자는 동안 스스로 회복하기 때문에 (2) ___ 병에 잘 걸리지 않아 건강한 생활을 하게 된다. 그렇다면 어떻게 해야 잠을 잘 잘 수 있을까? 잠이 안 오는데 잠을 자려고 침대로 가서 (3) ___ 것은 좋지 않다. 오히려 조금 늦게 자더라도 매일 같은 시간에 자고 일어나는 것이 좋다. 이와 같이 규칙적인 수면 습관을 형성해서 불면증에

문법

교재의 소단원 1, 2, 3에서 다룬 '문법'의 연습 부분이다. 정확한 문법 사용 능력을 기를 수 있도록 각 목표 문법을 활용한 문장 만들기, 대화 만들기, 고쳐 쓰기 등의 연습 문제로 구성하였다. 문법 연습과 더불어 '더 알아보기'의 연습 문제도 같이 제공하였다. 또한 '종합 문제'를 통하여 각 단원에서 학습한 문법을 종합적으로 활용할 수 있게 하였다.

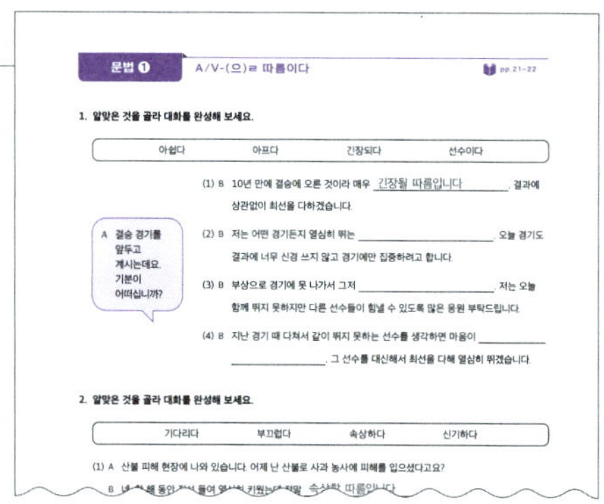

문법 ❶ A/V-(으)ㄹ 따름이다 pp.21~22

1. 알맞은 것을 골라 대화를 완성해 보세요.

아쉽다 아프다 긴장되다 선수이다

A 결승 경기를 앞두고 계시는데요. 기분이 어떠십니까?

(1) B 10년 만에 결승에 오른 것이라 매우 긴장될 따름입니다. 결과에 상관없이 최선을 다하겠습니다.
(2) B 저는 어떤 경기든지 열심히 뛰는 ___. 오늘 경기도 결과에 너무 신경 쓰지 않고 경기에만 집중하려고 합니다.
(3) B 부상으로 경기에 못 나가서 그저 ___. 저는 오늘 함께 뛰지 못하지만 다른 선수들이 힘낼 수 있도록 많은 응원 부탁드립니다.
(4) B 지난 경기 때 다쳐서 같이 뛰지 못하는 선수를 생각하면 마음이 ___. 그 선수를 대신해서 최선을 다해 열심히 뛰겠습니다.

2. 알맞은 것을 골라 대화를 완성해 보세요.

기다리다 부끄럽다 속상하다 신기하다

(1) A 산불 피해 현장에 나와 있습니다. 어제 난 산불로 사과 농사에 피해를 입으셨다고요?

듣고 쓰기

교재의 소단원 1, 2에서 다룬 '듣기'의 연습 부분이다. 교재에서 제시한 주요 표현이 사용된 대화를 듣고 내용을 확인하는 문제와 교재와 비슷한 주제의 대화문을 듣고 주요 내용을 빈칸에 요약하여 쓰는 연습 문제로 구성하였다.

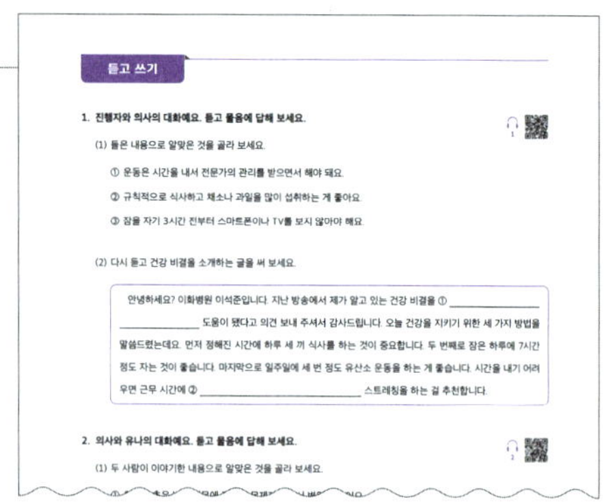

듣고 쓰기

1. 진행자와 의사의 대화예요. 듣고 물음에 답해 보세요.

(1) 들은 내용으로 알맞은 것을 골라 보세요.
① 운동은 시간을 내서 전문가의 관리를 받으면서 해야 돼요.
② 규칙적으로 식사하고 채소나 과일을 많이 섭취하는 게 좋아요.
③ 잠을 자기 3시간 전부터 스마트폰이나 TV를 보지 않아야 해요.

(2) 다시 듣고 건강 비결을 소개하는 글을 써 보세요.

안녕하세요? 이화병원 이석준입니다. 지난 방송에서 제가 알고 있는 건강 비결을 ① ___ 도움이 됐다고 의견 보내 주셔서 감사드립니다. 오늘 건강을 지키기 위한 세 가지 방법을 말씀드렸는데요. 먼저 정해진 시간에 하루 세 끼 식사를 하는 것이 중요합니다. 두 번째로 잠은 하루에 7시간 정도 자는 것이 좋습니다. 마지막으로 일주일에 세 번 정도 유산소 운동을 하는 게 좋습니다. 시간을 내기 어려우면 근무 시간에 ② ___ 스트레칭을 하는 걸 추천합니다.

2. 의사와 유나의 대화예요. 듣고 물음에 답해 보세요.

(1) 두 사람이 이야기한 내용으로 알맞은 것을 골라 보세요.

말하기

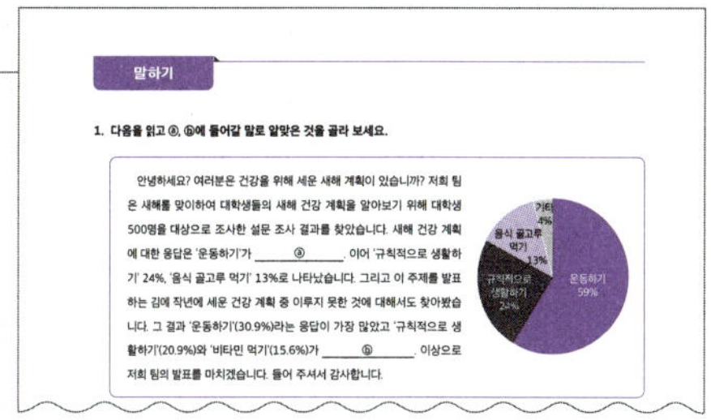

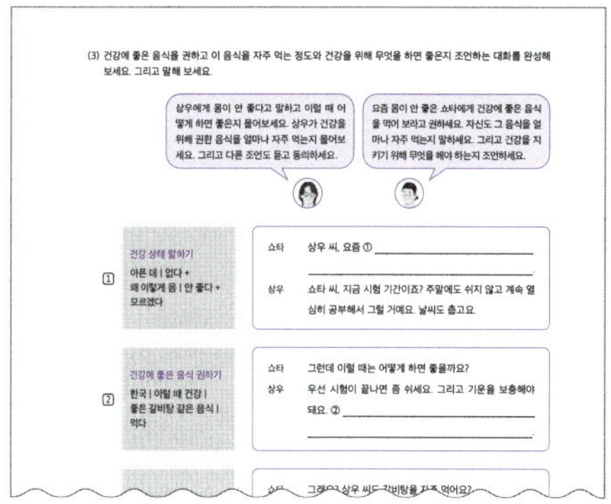

교재의 소단원 2, 3에서 다룬 '말하기'의 연습 부분이다. 소단원 2 말하기 연습 문제는 교재에서 제시한 주요 표현을 담화 맥락을 통해 연습할 수 있도록 구성하였다.

소단원 3 말하기 연습은 교재에 제시된 기능 표현을 연습하는 문제와 핵심어를 활용해 대화문을 만드는 문제로 구성하였다. 이를 통해 기능 표현의 의미를 대화문 속에서 파악하고 핵심어를 보면서 대화를 완성하는 연습을 할 수 있게 설계하였다. 대화문을 만드는 연습의 모범 대화문은 부록에 제시하여 학습자가 스스로 확인할 수 있게 하였다.

핵심어 기호

ㅇ : 긍정 × : 부정 | : 조사, 표현 + : 연결 어미

읽고 쓰기

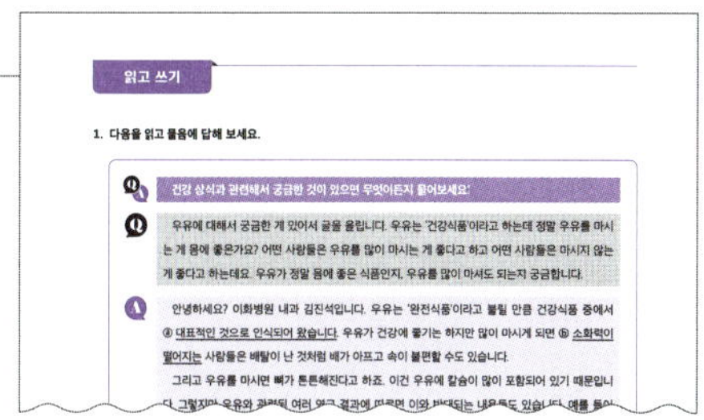

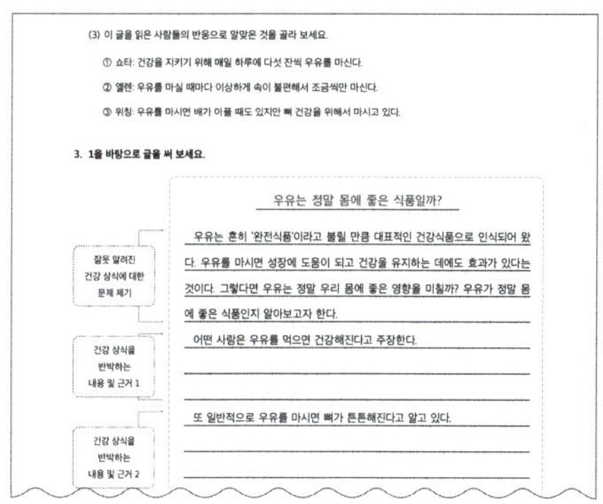

교재의 소단원 3에서 다룬 '읽고 쓰기'의 연습 부분이다. 읽기는 교재 읽기에서 제시한 주제와 관련된 내용의 글을 다양한 텍스트 유형으로 구현하여 제공하였다. 연습 문제는 교재의 읽기 전략을 연습할 수 있는 문제와 내용 이해 문제를 제공하여 이해 능력을 향상시킬 수 있도록 구성하였다.

쓰기는 교재 읽기 텍스트 유형과 동일한 글을 쓰게 하기 위해서 워크북 읽기 내용을 활용해 글을 쓰는 활동으로 구성하였다. 학습자들의 쓰기 활동을 돕고자 교재에서 제시한 도움 질문을 활용해 글을 완성할 수 있게 하였다. 부록에 모범 글을 제시하여 스스로 확인이 가능하게 하였다.

문법 설명

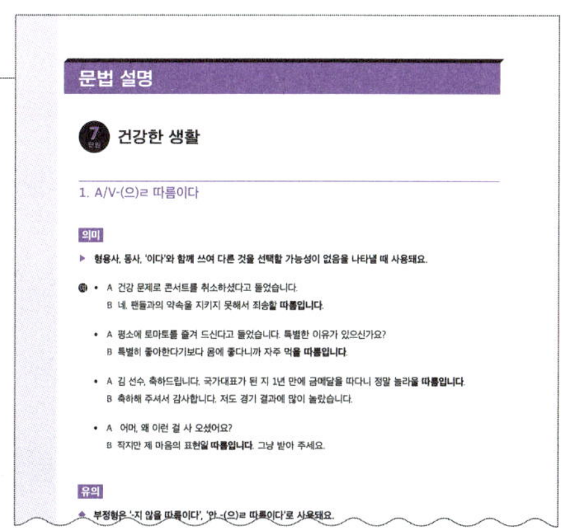

교재 소단원 1, 2, 3에서 다룬 '문법' 및 '더 알아보기'에 대한 설명 부분이다. 각 문법의 의미를 자세한 설명과 함께 부록으로 제시하였다. 문법의 의미와 함께 다양한 예를 대화문으로 제시함으로써 문법에 대한 이해를 돕고자 하였다. 문법 활용 시 유의할 점도 예와 같이 제공하여 오류를 줄이고자 하였다.

7 단원 건강한 생활

어휘와 표현 ❶ 수면과 자세

p.20

1. 밑줄 친 부분은 주요 어휘와 표현이에요. 관계있는 것을 골라 문장을 완성해 보세요.

(1) 어제는 평소보다 일찍 잠자리에 ___③___ ① 취해서 몸이 가볍다.

(2) 시험 때가 되면 밤에 푹 자지 못하고 잠을 _____ ② 설치는 경우가 종종 있다.

(3) 어젯밤부터 아침까지 한 번도 깨지 않고 숙면을 _____ ③ 들어서 오늘 새벽에 일어났다.

2. 1의 밑줄 친 표현을 사용해 글을 완성해 보세요.

수면 습관을 바꿔 건강을 지키자!

최근 불면증으로 잠을 이루지 못해 괴로워하는 사람들이 늘고 있다. 잠을 제대로 못 자고 (1) ___잠을 설치면___ 피로가 풀리지 않아 질병에 걸리기 쉽다. 우리 몸은 잠을 자는 동안 스스로 회복하기 때문에 (2) ________ 병에 잘 걸리지 않아 건강한 생활을 하게 된다. 그렇다면 어떻게 해야 잠을 잘 잘 수 있을까? 잠이 안 오는데 잠을 자려고 침대로 가서 (3) ________ 것은 좋지 않다. 오히려 조금 늦게 자더라도 매일 같은 시간에 자고 일어나는 것이 좋다. 이와 같이 규칙적인 수면 습관을 형성해서 불면증에서 벗어나 건강한 삶을 유지해 보는 건 어떨까?

김연주 기자(younjoo@ewhanews.kr)

3. 알맞은 것을 골라 대화를 완성해 보세요.

엎드려서 자다	바른 자세로 앉다	어깨를 펴고 걷다

(1) A 피곤해서 점심시간에 잠깐 책상에 ___엎드려서 잤는데___ 목이 너무 아파요.

B 그 자세가 목, 어깨, 허리에 다 안 좋대요. 앞으로는 그러지 않는 게 좋겠어요.

(2) A '걷기'는 일상생활에서 실천하기 가장 쉬운 운동인데요. 어떻게 걸어야 건강에 도움이 될까요?

B 바른 자세로 걸어야 효과가 있습니다. 허리를 세우고 ________ 보세요.

(3) A 보고서를 쓰느라 책상 앞에 오래 앉아 있어서 그런지 허리가 너무 아파.

B 자세가 안 좋아서 그런 거 아냐? 방송에서 보니까 앉는 자세가 중요하대. ________ 노력해 봐.

1. 알맞은 것을 골라 글을 완성해 보세요.

끼니를 챙겨 먹다	영양소를 흡수하다	성장에 영향을 끼치다	음식을 골고루 섭취하다

고민 상담 게시판

Q. 안녕하세요? 초등학생 아이를 키우는 엄마인데요. 아이가 밥을 안 먹어서 걱정입니다. 잘 먹지 않는 습관이 (1) 성장에 영향을 끼쳐서 키도 잘 안 클 것 같아 걱정이에요. 어떻게 하면 좋을까요?

A. 걱정이 많으시겠군요. 잘 아시겠지만 어릴 때 고기, 채소 등 다양한 재료로 만든 (2)__________ 것이 중요합니다. 이렇게 음식을 통해 (3)__________ 것이 아이들의 성장에도 긍정적인 영향을 미치게 되죠. 하루 세 번 (4)__________ 하니까 아이가 끼니를 거르지 않게 엄마가 신경 써 주세요. 아이가 식사하는 것을 즐길 수 있도록 좋아하는 음식 위주로 준비하는 것도 좋습니다.

2. 밑줄 친 부분은 주요 어휘와 표현이에요. 관계있는 것을 연결해 보세요.

(1) 속이 쓰려요. • ······ • ① "매운 음식을 많이 먹어서 속이 아파요."

(2) 졸음이 쏟아져요. • • ② "요즘 수업 시간에 졸음을 참을 수가 없어요."

(3) 과식으로 체했어요. • • ③ "저는 매일 커피를 안 마시면 일을 할 수 없어요."

(4) 카페인에 중독됐어요. • • ④ "많이 먹고 나서 소화도 안되고 속도 답답해서 고생했어요."

3. 2의 표현을 사용해서 대화를 완성해 보세요.

엘렌 안나, 얼굴이 안 좋아 보인다. 무슨 일 있어?

안나 응. 속이 좀 불편해. 아침에 커피를 한 잔 마셨는데 아까 점심 먹고 나니까 눈이 감기고 (1) 졸음이 쏟아져서 두 잔을 더 마셨어. 그때부터 배가 아프고 (2)__________ 아무것도 못 하겠어.

엘렌 어떡해. 커피를 너무 많이 마셔서 그런 거 아냐?

안나 응. 커피를 너무 많이 마시는 게 건강에 좋지 않은 건 아는데 안 마시면 너무 졸려. 이렇게 하다가 (3)__________ 것 같아서 걱정이야.

엘렌 커피를 많이 마시는 건 몸에 안 좋지. 그런데 난 밥을 많이 먹어서 (4)__________ 때 커피를 마시면 소화가 되더라. 그런 걸 보면 커피도 적당히 마시면 오히려 몸에 좋은 거 같아.

문법 ❶ A/V-(으)ㄹ 따름이다

pp.21~22

1. 알맞은 것을 골라 대화를 완성해 보세요.

아쉽다	아프다	긴장되다	선수이다

A 결승 경기를 앞두고 계시는데요. 기분이 어떠십니까?

(1) B 10년 만에 결승에 오른 것이라 매우 긴장될 따름입니다. 결과에 상관없이 최선을 다하겠습니다.

(2) B 저는 어떤 경기든지 열심히 뛰는 ______________. 오늘 경기도 결과에 너무 신경 쓰지 않고 경기에만 집중하려고 합니다.

(3) B 부상으로 경기에 못 나가서 그저 ______________. 저는 오늘 함께 뛰지 못하지만 다른 선수들이 힘낼 수 있도록 많은 응원 부탁드립니다.

(4) B 지난 경기 때 다쳐서 같이 뛰지 못하는 선수를 생각하면 마음이 ______________. 그 선수를 대신해서 최선을 다해 열심히 뛰겠습니다.

2. 알맞은 것을 골라 대화를 완성해 보세요.

기다리다	부끄럽다	속상하다	신기하다

(1) A 산불 피해 현장에 나와 있습니다. 어제 난 산불로 사과 농사에 피해를 입으셨다고요?

B 네. 한 해 동안 정성 들여 열심히 키웠는데 정말 속상할 따름입니다.

(2) A 황민호 씨, 지난밤에 음주 운전 사고를 내셨다고 들었습니다.

B 정말 죄송하고 ______________. 앞으로 이런 일이 생기지 않도록 하겠습니다.

(3) A 최소라 씨, 이번에 출연하신 영화로 큰 인기를 얻으셨는데요. 소감 한마디 부탁드립니다.

B 아직 실감이 나지 않습니다. 갑자기 많은 사랑과 관심을 보여 주셔서 그저 ______________. 앞으로도 열심히 하겠습니다.

(4) A 김 기자, 가수 김지훈 씨가 다리를 다쳐서 이번 주 토요일 콘서트를 취소했다죠?

B 네. 그렇습니다. 팬들은 김지훈 씨가 회복해서 하루빨리 무대로 돌아오기를 ______________ 하면서 위로의 메시지를 보내고 있습니다.

문법 ❷ (이)나마

pp.23~24

1. 알맞은 것을 골라 대화를 완성해 보세요.

조금	초콜릿	친구들	영상 통화

(1) A 배가 너무 고픈데 먹을 것 좀 있어?

B 아, 나도 초콜릿밖에 없는데 이 초콜릿이나마 먹을래?

(2) A 딸이 유학 가 있으니까 많이 보고 싶겠어요.

B 네. 보고 싶죠. 직접 만나지는 못하지만 가끔 ______________ 얼굴을 볼 수 있어서 괜찮아요.

(3) A 졸업식은 잘 했어요? 가족이랑 친구들도 많이 왔고요?

B 가족들은 일이 있어서 못 온 대신에 친구들이 왔어요. ______________ 와 줘서 외롭지 않았어요.

(4) A 제주도에 이번 태풍으로 피해를 입은 사람이 많다죠?

B 네. 그래서 피해를 입은 사람들을 돕기 위해 ______________ 도움이 되기를 바란다며 많은 사람들이 돈을 보내 온다고 합니다.

2. 의미가 같은 문장으로 바꿔 보세요.

(1) 날씨가 너무 더운데 에어컨은 없지만 선풍기가 있어서 다행이다.

⇨ 날씨가 너무 더운데 에어컨은 없지만 선풍기나마 있어서 다행이다.

(2) 여행지에서 묵은 숙소는 방이 마음에 들지 않았지만 교통이 편해서 괜찮았다.

⇨ 여행지에서 묵은 숙소는 방이 마음에 들지 않았지만 ______________.

(3) 평일에는 바빠서 운동을 할 수 없으니까 주말에 스포츠 센터에 가서 운동을 한다.

⇨ 평일에는 바빠서 운동을 할 수 없으니까 ______________.

(4) 영화를 홍보하기 위해 한국을 방문한 미국 영화배우는 짧게 한국어로 인사를 했다.

⇨ 영화를 홍보하기 위해 한국을 방문한 미국 영화배우는 ______________.

(5) 출장 때문에 친구 결혼식에 직접 참석하지는 못했지만 선물로 축하 인사를 대신했다.

⇨ 출장 때문에 친구 결혼식에 직접 참석하지는 못했지만 ______________.

문법 ③ V-는 김에

1. 관계있는 것을 연결하고 문장을 완성해 보세요.

(1) 어제 친구와 쇼핑몰에 갔다 • • ① 중국어 학원을 알아봤다

(2) 아이들이 먹을 간식을 만들다 • • ② 쇼핑도 하고 기념품도 샀다

(3) 중국어를 공부하기로 마음을 먹었다 • • ③ 남편이 좋아하는 반찬도 만들었다

(4) 고향에 계신 부모님께 소포를 부치다 • • ④ 한국 건강식품도 같이 사서 보내려고 한다

(5) 드라마를 보다가 할머니 생각이 났다 • • ⑤ 저녁에 할머니께 안부 전화를 드리려고 한다

(1) 어제 친구와 쇼핑몰에 간 김에 쇼핑도 하고 기념품도 샀다.

(2) 아이들이 먹을 간식을 ______________________.

(3) 중국어를 공부하기로 마음을 ______________________.

(4) 고향에 계신 부모님께 소포를 ______________________.

(5) 드라마를 보다가 할머니 생각이 ______________________.

2. 알맞은 것을 골라 대화를 완성해 보세요.

오다	입다	끓이다	시키다

(1) A 와, 진짜 예쁘다. 한복이 잘 어울리는데?

B 너도 잘 어울리네. 한복을 입은 김에 기념으로 사진관에 가서 사진도 찍자!

(2) A 배가 고파서 라면 먹으려고 하는데 같이 먹을래?

B 마침 출출했는데 잘됐다. 그럼 ______________ 나도 먹게 내 것도 하나 끓여 줘.

(3) A 커피 아직 안 드셨죠? 이거 드세요. 제 커피를 ______________ 같이 주문했어요.

B 고마워요. 잘 마실게요.

(4) A 선생님, 잘 지내셨어요? 학교 근처에 ______________ 인사하고 가려고 잠깐 들렀어요.

B 정말 오랜만이네요. 그동안 잘 지냈죠? 안 그래도 소식이 궁금했어요.

문법 ④ V-고자

pp.33~34

1. 관계있는 것을 연결하고 대화를 완성해 보세요.

(1) 건강을 되찾다 • ········ • ① 규칙적인 생활을 하다

(2) 세계여행을 가다 • • ② 전문 상담 센터를 열었다

(3) 업무 경험을 쌓다 • • ③ 아르바이트를 해서 돈을 모으다

(4) 마음이 힘든 학생들을 돕다 • • ④ 한국 회사에서 인턴으로 근무했다

(1) A 새해를 맞이해서 올해 세운 목표가 있으십니까?

B 네. 저는 작년에 몸이 아파서 고생했습니다. 그래서 올해 건강을 되찾고자 규칙적인 생활을 할 겁니다.

(2) A 안나 씨는 세계여행을 가고 싶다고 했죠? 어떤 준비를 하고 계세요?

B 세계여행을 가려면 돈이 많이 필요할 것 같아요. 그래서 저는 세계여행을 ______________________.

(3) A 방학을 보람 있게 보내기 위해 하신 일이 있으세요?

B 저는 졸업 후에 한국 회사에 취업하고 싶습니다. 그래서 방학 때 업무 경험을 ______________________.

(4) A 학교생활에 적응하지 못하는 학생들을 위해 서울시에서 특별한 곳을 세웠다고요?

B 네. 서울시에서는 지난달부터 마음이 힘든 학생들을 ______________________.

2. 알맞은 것을 골라 대화를 완성해 보세요.

열다	늘리다	마련하다	설치하다

A 우리 학교 학생회장이 된다면 어떤 일을 할 계획입니까?

(1) B 학생들이 다양한 문화를 체험할 수 있도록 문화 축제를 열고자 합니다.

(2) B 학생들이 취미에 맞는 다양한 동아리 활동을 할 수 있게 동아리 수를 ______________ 합니다.

(3) B 학교생활에서 어려움을 겪는 학생들을 돕기 위해 매주 선생님들과 상담을 할 수 있는 자리를 ______________ 합니다.

(4) B 우리 학교를 더 좋은 학교로 바꿀 수 있도록 곳곳에 학생들이 의견을 적어 넣을 수 있는 '학생의 소리'라는 상자를 ______________ 합니다.

더 알아보기 N을/를 통해(서)

p.39

1. 그림을 보고 문장을 완성해 보세요.

(1)

진차오는 아르바이트를 통해(서) ______________ 돈의 소중함을 알게 됐어요.

(2)

조슈아는 ______________________ 한국 역사를 더 잘 이해하게 됐어요.

(3)

안나는 마음을 담은 ______________________ 친구에게 미안한 마음을 전했어요.

(4)

위칭은 ______________________ 고향에 있는 친구들과 수시로 연락을 주고받아요.

종합 연습

1. 알맞은 것을 골라 글을 완성해 보세요.

-고자	-는 김에	을/를 통해	-(으)ㄹ 따름이다

안녕하십니까? 저는 이화여자대학교 언어교육원에서 한국어를 공부하고 있는 마테오라고 합니다. 제 꿈은 멕시코에서 한국 식당을 하는 것입니다. 그래서 저는 작년에 한국 요리를 배우러 한국에 왔습니다. 한국 요리를 좋아하는 만큼 한국어에도 관심이 있어서 한국 요리를 (1) 배우는 김에 ______(배우다) 한국어도 공부하게 되었습니다. 처음에는 한국어가 어려웠지만 (2) ______________(한국어 공부) 한국 요리와 문화에 대해서도 많이 알게 되었습니다. 지금까지 제가 한국어를 공부하는 데 도움을 주신 선생님들께 (3) ______________(감사하다). 앞으로 제 경험을 바탕으로 한국 음식을 멕시코에 (4) ______________(알리다) 합니다. 그리고 제 꿈을 이루기 위해 열심히 노력할 겁니다.

듣고 쓰기

1. 진행자와 의사의 대화예요. 듣고 물음에 답해 보세요.

1

(1) 들은 내용으로 알맞은 것을 골라 보세요.

① 운동은 시간을 내서 전문가의 관리를 받으면서 해야 돼요.

② 규칙적으로 식사하고 채소나 과일을 많이 섭취하는 게 좋아요.

③ 잠을 자기 3시간 전부터 스마트폰이나 TV를 보지 않아야 해요.

(2) 다시 듣고 건강 비결을 소개하는 글을 써 보세요.

안녕하세요? 이화병원 이석준입니다. 지난 방송에서 제가 알고 있는 건강 비결을 ① ________________ 도움이 됐다고 의견 보내 주셔서 감사드립니다. 오늘 건강을 지키기 위한 세 가지 방법을 말씀드렸는데요. 먼저 정해진 시간에 하루 세 끼 식사를 하는 것이 중요합니다. 두 번째로 잠은 하루에 7시간 정도 자는 것이 좋습니다. 마지막으로 일주일에 세 번 정도 유산소 운동을 하는 게 좋습니다. 시간을 내기 어려우면 근무 시간에 ② ________________ 스트레칭을 하는 걸 추천합니다.

2. 의사와 유나의 대화예요. 듣고 물음에 답해 보세요.

2

(1) 두 사람이 이야기한 내용으로 알맞은 것을 골라 보세요.

① 유나는 추운 날씨 때문에 건강에 문제가 생겨서 병원에 왔어요.

② 유나는 예전에 요가를 자주 했지만 지금은 바빠서 거의 하지 못해요.

③ 의사는 유나에게 소화가 잘되는 운동도 추천해 주고 약도 처방해 줬어요.

(2) 다시 듣고 들은 내용을 써 보세요.

유나는 병원에서 의사에게 진료를 받고 있다. 유나가 소화가 잘 안되고 배가 아플 때도 있다고 하니까 의사가 병원에 온 김에 검사를 받으라고 했다. 검사 결과 큰 문제는 없었지만 의사는 소화가 잘되게 하기 위해서 ① ________________ 한다고 했다. 운동을 하는 것도 좋은데 시간을 따로 내기 어렵다면 식사한 후에 주변을 ② ________________ 했다. 그리고 소화에 도움이 되는 운동으로 ③ ________________ 권했다. 특히 '고양이 자세'가 소화에 도움이 되니까 반복해서 하면 소화에 도움이 될 거라고 했다. 마지막으로 그래도 소화가 안되면 다음 주에 다시 오라고 했다.

말하기

1. 다음을 읽고 ⓐ, ⓑ에 들어갈 말로 알맞은 것을 골라 보세요.

안녕하세요? 여러분은 건강을 위해 세운 새해 계획이 있습니까? 저희 팀은 새해를 맞이하여 대학생들의 새해 건강 계획을 알아보기 위해 대학생 500명을 대상으로 조사한 설문 조사 결과를 찾았습니다. 새해 건강 계획에 대한 응답은 '운동하기'가 ____ⓐ____. 이어 '규칙적으로 생활하기' 24%, '음식 골고루 먹기' 13%로 나타났습니다. 그리고 이 주제를 발표하는 김에 작년에 세운 건강 계획 중 이루지 못한 것에 대해서도 찾아봤습니다. 그 결과 '운동하기'(30.9%)라는 응답이 가장 많았고 '규칙적으로 생활하기'(20.9%)와 '비타민 먹기'(15.6%)가 ____ⓑ____. 이상으로 저희 팀의 발표를 마치겠습니다. 들어 주셔서 감사합니다.

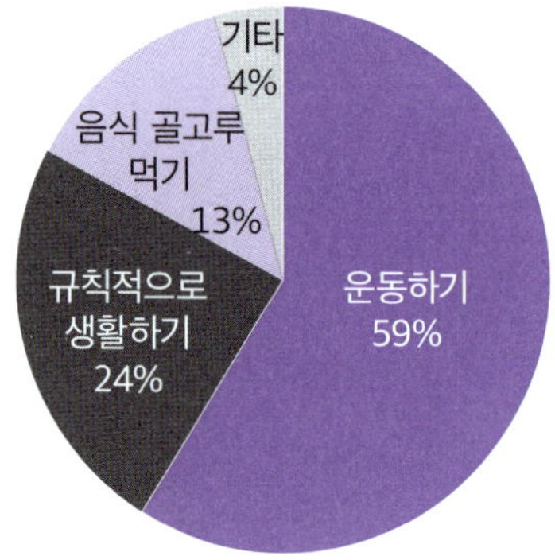

① ⓐ 59%가 질문했습니다 ⓑ 그다음이었습니다

② ⓐ 59%로 가장 많았습니다 ⓑ 그 뒤를 이었습니다

③ ⓐ 59%로 많이 뽑혔습니다 ⓑ 1위로 나타났습니다

2. 다음 물음에 답해 보세요.

(1) 건강에 좋은 음식을 자주 먹는 정도를 표현하는 말로 알맞은 것을 골라 보세요. 말하기 기능

A 콩국수 같은 건강에 좋은 음식을 얼마나 자주 먹어요?

B ____________________.

① 여름에 자주 먹었는데 그렇게 큰 효과를 보지는 못했어요

② 여름에 더울 때 먹으니까 일 년에 한 세 번쯤은 먹는 것 같아요

③ 여름에 기운이 없을 때 먹어 보니까 생각보다 힘이 나서 좋았어요

(2) 끼니를 잘 챙겨 먹는 목적을 표현하는 말로 알맞은 것을 골라 보세요. 말하기 기능

A ____________________. 안나 씨도 밥을 챙겨 먹는 게 어때요?

B 네. 저도 이제부터 건강을 위해서 잘 챙겨 먹을게요. 고마워요.

① 건강을 지키려고 우선 밥을 잘 챙겨 먹고 있어요

② 건강을 지키는 데는 밥이 제일 중요하다고 들었어요

③ 건강은 다른 무엇보다 중요하니까 밥을 잘 챙겨 드세요

(3) 건강에 좋은 음식을 권하고 이 음식을 자주 먹는 정도와 건강을 위해 무엇을 하면 좋은지 조언하는 대화를 완성해 보세요. 그리고 말해 보세요.

상우에게 몸이 안 좋다고 말하고 이럴 때 어떻게 하면 좋은지 물어보세요. 상우가 건강을 위해 권한 음식을 얼마나 자주 먹는지 물어보세요. 그리고 다른 조언도 듣고 동의하세요.

요즘 몸이 안 좋은 쇼타에게 건강에 좋은 음식을 먹어 보라고 권하세요. 자신도 그 음식을 얼마나 자주 먹는지 말하세요. 그리고 건강을 지키기 위해 무엇을 해야 하는지 조언하세요.

1

건강 상태 말하기

아픈 데 | 없다 +
왜 이렇게 몸 | 안 좋다 +
모르겠다

쇼타 상우 씨, 요즘 ① ______________________________
______________________________.

상우 쇼타 씨, 지금 시험 기간이죠? 주말에도 쉬지 않고 계속 열심히 공부해서 그럴 거예요. 날씨도 춥고요.

2

건강에 좋은 음식 권하기

한국 | 이럴 때 건강 |
좋은 갈비탕 같은 음식 |
먹다

쇼타 그런데 이럴 때는 어떻게 하면 좋을까요?

상우 우선 시험이 끝나면 좀 쉬세요. 그리고 기운을 보충해야 돼요. ② ______________________________
______________________________.

3

건강에 좋은 음식을 자주 먹는 정도 말하기

힘 | 나지 않을 때 | 먹다 +
일 년 | 세 번 정도
먹는 것 같다

쇼타 그래요? 상우 씨도 갈비탕을 자주 먹어요?

상우 네. 전 ③ ______________________________
______________________________.

쇼타 그래서 상우 씨가 기운이 넘치는군요! 저도 한번 먹어 봐야겠어요.

4

끼니를 잘 챙겨 먹는 목적 말하기

건강 | **지키다** + 무엇보다
밥 | 잘 챙겨 먹다

○ : 긍정 × : 부정
| : 조사, 표현 + : 연결 어미

상우 네. 그러세요. 그런데 저는 ④ ______________________________
______________________________.
쇼타 씨는 식사를 잘 안 하는 것 같던데 갈비탕도 좋지만 건강을 위해 끼니부터 잘 챙겨 먹는 게 어때요?

쇼타 네. 이젠 건강을 위해서 잘 챙겨 먹을게요. 상우 씨, 고마워요.

읽고 쓰기

1. 다음을 읽고 물음에 답해 보세요.

건강 상식과 관련해서 궁금한 것이 있으면 무엇이든지 물어보세요!

Q 우유에 대해서 궁금한 게 있어서 글을 올립니다. 우유는 '건강식품'이라고 하는데 정말 우유를 마시는 게 몸에 좋은가요? 어떤 사람들은 우유를 많이 마시는 게 좋다고 하고 어떤 사람들은 마시지 않는 게 좋다고 하는데요. 우유가 정말 몸에 좋은 식품인지, 우유를 많이 마셔도 되는지 궁금합니다.

A 안녕하세요? 이화병원 내과 김진석입니다. 우유는 '완전식품'이라고 불릴 만큼 건강식품 중에서 ⓐ 대표적인 것으로 인식되어 왔습니다. 우유가 건강에 좋기는 하지만 많이 마시게 되면 ⓑ 소화력이 떨어지는 사람들은 배탈이 난 것처럼 배가 아프고 속이 불편할 수도 있습니다.

그리고 우유를 마시면 뼈가 튼튼해진다고 하죠. 이건 우유에 칼슘이 많이 포함되어 있기 때문입니다. 그렇지만 우유와 관련된 여러 연구 결과에 따르면 이와 반대되는 내용들도 있습니다. 예를 들어 우유를 마신 사람들이 안 마신 사람들에 비해 뼈가 약해서 잘 부러진다거나 우유의 과도한 섭취로 암 ⓒ 발생 위험이 높아졌다는 연구 결과도 있습니다.

따라서 우유를 마실 때에는 우유가 개인의 건강 상태에 따라 좋은 영향을 미칠 수도 있고 나쁜 영향을 미칠 수도 있다는 것을 알고 자신의 몸 상태에 맞게 섭취하는 것이 중요합니다.

(1) ⓐ, ⓑ, ⓒ를 읽고 밑줄 친 어휘의 의미와 추측으로 알맞은 것을 골라 보세요. 읽기 전략

① ⓐ 대표적인 것으로 인식되다: 대표적인 예로 생각되다

② ⓑ 소화력이 떨어지다: 전혀 소화시키지 못하다

③ ⓒ 발생 위험이 높아지다: 생길 가능성이 적다

2. 다시 읽고 물음에 답해 보세요.

(1) 이 글은 무엇에 대한 글인지 골라 보세요.

① 질병에 따른 우유 섭취 방법

② 우유에 대한 잘못된 건강 상식

③ 우유와 같이 먹으면 좋은 식품

(2) 읽은 내용으로 알맞은 것을 골라 보세요.

① 우유가 모든 사람의 뼈 건강에 도움을 주는 것은 아니다.

② 우유는 건강식품이므로 되도록 많이 섭취하는 것이 좋다.

③ 우유를 마셔야 소화가 돼서 식사 때마다 우유를 찾는 사람들도 있다.

(3) 이 글을 읽은 사람들의 반응으로 알맞은 것을 골라 보세요.

① 쇼타: 건강을 지키기 위해 매일 하루에 다섯 잔씩 우유를 마신다.

② 엘렌: 우유를 마실 때마다 이상하게 속이 불편해서 조금씩만 마신다.

③ 위칭: 우유를 마시면 배가 아플 때도 있지만 뼈 건강을 위해서 마시고 있다.

3. 1을 바탕으로 글을 써 보세요.

우유는 정말 몸에 좋은 식품일까?

구성	내용
잘못 알려진 건강 상식에 대한 문제 제기	우유는 흔히 '완전식품'이라고 불릴 만큼 대표적인 건강식품으로 인식되어 왔다. 우유를 마시면 성장에 도움이 되고 건강을 유지하는 데에도 효과가 있다는 것이다. 그렇다면 우유는 정말 우리 몸에 좋은 영향을 미칠까? 우유가 정말 몸에 좋은 식품인지 알아보고자 한다.
건강 상식을 반박하는 내용 및 근거 1	어떤 사람은 우유를 먹으면 건강해진다고 주장한다.
건강 상식을 반박하는 내용 및 근거 2	또 일반적으로 우유를 마시면 뼈가 튼튼해진다고 알고 있다.
요약 및 마무리	이상과 같이 우유를 마시면 건강에 좋다는 것은 모든 사람에게 해당되는 것은 아니다. 따라서 개인의 건강 상태에 따라 다르게 영향을 미칠 수 있다는 것을 알고 자신의 몸 상태에 맞게 섭취하는 것이 중요하다.

8 단원

문제와 해결 방안

어휘와 표현 ❶ 문제 상황과 해결 방법

p.42

1. 밑줄 친 부분은 주요 어휘와 표현이에요. 관계있는 것을 골라 써 보세요.

(1) 손해를 봤어요. ___③___

(2) 계약이 깨졌어요. ______

(3) 돈을 돌려받았어요. ______

(4) 피해를 보상했어요. ______

① "제품에 문제가 있어서 환불받았어요."

② "이사 오기로 한 사람이 갑자기 계약을 취소했어요."

③ "비행기표를 샀다가 사정이 생겨 취소했는데 10만 원이나 못 받았어요."

④ "그 화장품 회사에서는 로션을 사용한 후 피부에 문제가 생긴 사람들에게 치료비 전액을 주었어요."

2. 1의 밑줄 친 표현을 사용해 글을 완성해 보세요.

한 달 전에 거래처와 계약을 했는데 갑자기 거래처에서 계약을 없던 일로 하자고 했습니다. 이렇게 거래처와의 (1) ___계약이 깨져서___ 우리 회사는 큰 피해를 입었습니다. 거의 3억 원의 (2) ______________. 저는 약속을 지키지 않은 거래처가 우리 회사에 (3) ______________ 된다고 생각하는데요. 거래처에서는 이 돈을 줄 수 없다고 합니다. 우리 회사가 투자한 3억 원의 (4) ______________ 수 있는 방법이 있을까요?

3. 알맞은 것을 골라 밑줄 친 부분을 바꿔 보세요.

하자가 있다	연체료를 내다	배송이 지연되다	계산 실수를 바로잡다

A 뭘 도와드릴까요?

(1) B 창문에 문제가 있어서 연락했어요. 창문이 안 열려요. ⇨ ___하자가 있어서___

(2) B 제가 제날짜에 책 반납을 못 했는데요. 혹시 밀린 날짜만큼 돈을 내면 바로 다시 빌릴 수 있나요? ⇨ ______________

(3) B 제가 일주일 전에 이 쇼핑몰에서 바지를 하나 샀는데요. 물건을 아직 못 받았어요. 택배가 너무 오래 걸려서 확인하려고요. ⇨ ______________

(4) B 세제를 한 개 샀는데 영수증을 보니까 두 개 산 것으로 계산이 되어 있어요. 계산이 잘못됐으니까 다시 결제해 주셔야 할 것 같은데요. ⇨ ______________

1. 알맞은 것을 골라 글을 완성해 보세요.

용서를 구하다	사과문을 올리다	잘못을 뉘우치다

최근 축구 경기 중 상대 팀 선수와 심한 몸싸움을 한 K 선수가 팬들에게 죄송한 마음을 전하며 소셜 미디어에 손으로 직접 쓴 (1) 사과문을 올렸다 . 다음은 K 씨가 쓴 사과의 글이다.

사랑하는 팬 여러분,

저의 행동으로 많은 분들께 실망을 안겨 드려 정말 죄송합니다. 어제 상대 팀 선수에게 사과하고 (2) ________ . 그리고 감사하게도 그 선수가 제 사과를 받아 주었습니다. 축구를 사랑해 주시는 팬 여러분께 부족한 모습을 보여 죄송합니다. 제 행동에 대해서 깊이 반성하고 (3) ________ 있습니다. 앞으로는 좋은 모습 보여 드릴 수 있도록 노력하겠습니다.

최준원 기자(junwon@ewhanews.kr)

2. 밑줄 친 부분은 주요 어휘와 표현이에요. 의미로 알맞은 것을 연결해 보세요.

(1) 기회를 줘요. •　　　• ① 자신이 왜 실수나 잘못을 하게 됐는지 그 이유를 길게 말해요.

(2) 눈감아 줘요. •　　　• ② 다른 사람에게 어떤 일을 해 볼 수 있는 상황이나 조건을 제공해 줘요.

(3) 변명을 늘어놓아요. •　　　• ③ 다른 사람의 실수나 잘못을 알지만 그것을 문제로 생각하지 않고 지나가요.

3. 2의 밑줄 친 표현을 사용해 대화를 완성해 보세요.

나타샤 딸이 중학생이 되더니 거짓말을 자주 하는 것 같아요. 심지어 어제는 도서관에 간다고 거짓말을 하고 노래방에 간 거 있죠. 뭐라고 한마디 해야 할지 그냥 속아 줘야 할지 잘 모르겠어요.

수진 그래도 한마디 하는 게 낫지 않겠어요? 딸이 거짓말한 것에 대해서 잘못을 뉘우치면 없던 일로 하고 한번 (1) 눈감아 주세요 . 그 나이 때는 한 번쯤 그럴 수도 있잖아요.

나타샤 그런데 반성하지 않고 핑계를 대면서 (2) ________ 어떻게 하죠?

수진 마지막으로 솔직하게 말할 (3) ________ . 그래도 자기가 잘못한 걸 모르면 거짓말은 나쁜 거라고 분명히 가르쳐 주세요.

문법 ❶ A/V-(으)ㄹ까 봐(서)

pp.43~44

1. 관계있는 것을 연결하고 문장을 완성해 보세요.

(1) 또 충동구매를 하다 • • ① 소금을 조금만 넣다

(2) 다음 휴게소가 멀다 • • ② 집에서 일찍 출발했다

(3) 음식이 아이 입에 짜다 • • ③ 카드를 집에 두고 외출했다

(4) 친구가 시험에 떨어졌다 • • ④ 시험 결과를 물어볼 수가 없다

(5) 토요일이라 길이 막히다 • • ⑤ 미리 간식도 사고 화장실에도 다녀왔다

(1) 또 충동구매를 할까 봐(서) 카드를 집에 두고 외출했다.

(2) 다음 휴게소가 ____________________.

(3) 음식이 아이 입에 ____________________.

(4) 친구가 시험에 ____________________.

(5) 토요일이라 길이 ____________________.

2. 알맞은 것을 골라 글을 완성해 보세요.

크다	병이다	일어나다	평가받다

[이화 헬스] "나도 혹시 불안 장애?"
이 중에서 5가지 이상이 매일 발생한다면 주의가 필요합니다.

□ 소화가 잘 안되고 속이 불편하다.

□ 자주 긴장하는 편이고 모든 일에 걱정과 고민이 많다.

□ 밤에 잠을 자기 어렵고 자고 일어나도 계속 피곤하다.

□ 갑자기 나쁜 일이 (1) 일어날까 봐(서) 두렵다.

□ 몸에 조금만 이상이 있어도 심각한 (2) __________ 걱정이 된다.

□ 다른 사람들에게 부정적으로 (3) __________ 새로운 일에 도전하는 것을 피한다.

□ 사람들이 나의 진짜 모습을 알면 실망이 (4) __________ 다른 사람과 관계를 맺는 것이 어렵다.

문법 ❷ V-는 사이(에)

pp.45~46

1. 그림을 보고 대화를 완성해 보세요.

(1) 

A 유나 씨, 책이 왜 찢어졌어요?

B 제가 잠깐 낮잠을 자는 사이(에) 우리 집 강아지가 이렇게 해 놨어요.

(2) 

A 어? 언제 발표할 내용을 다 정리했어?

B 네가 피피티(PPT)를 ____________ 정리했어. 이대로 발표해도 될지 한번 읽어 봐.

(3) 

A 어떻게 하다가 우산을 잃어버렸어요?

B 친구와 사진을 찍고 있었는데요. 우리가 사진을 ____________ 누가 제 우산을 가져간 것 같아요.

(4) 

A 퇴근 후에도 육아 때문에 쉴 수가 없겠어요.

B 그렇기는 하죠. 그래도 남편이랑 나눠서 하니까 좀 나아요. 제가 밥을 하고 상을 ____________ 남편이 아이를 씻기거든요.

2. 알맞은 것을 골라 ○표 해 보세요.

(1) A 언제부터 그 사람을 좋아하게 됐어?

B 글쎄. 언제부터인지 모르겠어. 나도 (모른 사이에, (모르는 사이에)) 좋아하게 됐어.

(2) A 어머, 고양이가 귀엽네요. 사장님이 키우는 고양이예요?

B 아니에요. 아까 카페 문을 (열어 놓은 사이에, 열어 놓는 사이에) 들어왔는데 안 나가네요.

(3) A 올리버 씨, 올리버 씨가 회의를 (한 사이에, 하는 사이에) 거래처에서 여러 번 전화가 왔었어요. 급한 일인 것 같아요.

B 그래요? 고마워요. 바로 전화해 볼게요.

(4) A 엘렌, 2급 때 친구 리카 못 봤지? 네가 편의점에 (간 사이에, 가는 사이에) 리카가 왔었어. 여행 중인데 근처에 왔다가 잠깐 들렀대.

B 정말? 아, 못 봤어. 나도 리카 보고 싶은데 너무 아쉽다. 아직 학교에 있는지 연락해 봐야겠다.

문법 ③ A/V-(으)ㄴ/는 줄

pp.48~49

1. 대화를 완성해 보세요.

A 한국에 와 보니까 어때요? 오기 전에 생각한 것과 다른 점이 있어요?

(1) B 한국의 학생들이 공부를 많이 한다는 건 알고 있었지만 초등학생들도 이렇게 늦게까지 학원에 다니는 줄 몰랐어요. (다니다)

(2) B 저는 떡볶이를 좋아하는데요. 고향에서 매운 떡볶이만 먹어 봐서 한국에도 매운 떡볶이만 있을 거라고 생각했어요. 떡볶이 종류가 이렇게 ________ 몰랐어요. (많다)

A 무슨 일이에요? 뭘 보고 그렇게 놀라는 거예요?

(3) B 이 작품이 미술 대회에서 상을 받은 작품인데요. 유명한 작가가 그린 ________ 알았는데 대학생이 그린 거래요. 정말 잘 그렸죠? (그림이다)

(4) B 제가 타던 자전거를 어제 중고 앱으로 팔았는데요. 좋은 가격에 ________ 알았는데 지금 다른 앱을 보니까 같은 모델이 더 비싸게 팔리고 있어서요. (팔다)

2. 의미가 같은 문장으로 바꿔 보세요.

(1) 한국어를 배우기 전에는 한국어가 쉽다고 생각했다. 배우기 어렵다고 생각하지 않았다.

⇨ 한국어를 배우기 전에는 한국어가 배우기 어려운 줄 몰랐다.

(2) 가방이 50만 원이었다. 그런데 가격표에 써 있는 숫자를 잘못 보고 5만 원이라고 착각했다.

⇨ 가방 가격이 ________ 몰랐다.

(3) 친구가 주말에 선약이 없을 거라고 생각했다. 그래서 영화를 보자고 했는데 거절당했다.

⇨ 친구가 선약이 ________ 모르고 친구에게 영화를 보자고 했다가 거절당했다.

(4) 쇼타가 내년에 일본에 돌아간다고 알고 있었다. 이번 학기를 마치고 돌아간다는 사실을 몰랐다.

⇨ 쇼타가 내년에 일본에 ________ 알았다.

(5) 늦은 시간이라서 동생이 저녁을 먹었다고 생각했다. 아직 먹지 않았을 거라고 생각하지 못했다.

⇨ 늦은 시간이라서 동생이 저녁을 ________ 알았다.

문법 ❹ A/V-(으)ㄴ/는 탓에

pp.55~56

1. 관계있는 것을 연결하고 대화를 완성해 보세요.

(1) 날씨가 춥다 • • ① 너무 시끄럽다

(2) 어제 잠을 설쳤다 • • ② 잠이 너무 쏟아지다

(3) 동생이 연예인이다 • • ③ 거리에 오가는 사람들이 거의 없다

(4) 윗집에서 공사를 하다 • • ④ 사람들이 알아봐서 같이 외출하기도 힘들다

(1) A 김 기자, 오늘 춘천은 영하 15도까지 내려갔다고요?

B 네. 그렇습니다. 보시다시피 날씨가 추운 탓에 거리에 오가는 사람들이 거의 없습니다.

(2) A 위칭, 어디 안 좋아? 평소와 다르게 쉬는 시간마다 엎드려 있으니까 걱정되네.

B 아니. 아픈 데 없어. 어제 잠을 ____________________.

(3) A 동생이 유명한 배우라서 좋겠어요.

B 그렇지도 않아요. 동생이 ____________________.

(4) A 쇼타 씨, 왜 요즘 계속 카페에서 공부해요?

B 윗집에서 공사를 ____________________ 공사 끝날 때까지 카페에서 공부하기로 했어요.

2. 알맞은 것을 골라 대화를 완성해 보세요.

날씨	선입견	입장료	가정 형편

(1) A 이 기자, 이번 산불을 끄는 데 예상보다 오랜 시간이 걸렸는데요.

B 네. 그렇습니다. 건조한 날씨 탓에 불이 빠르게 퍼져 5일 만에 겨우 산불을 잡을 수 있었습니다.

(2) A 김지훈 씨, 요즘 배우로도 인정받고 있는데요. 연기를 시작하고 나서 어려운 점은 없었습니까?

B 처음에는 제가 가수이기 때문에 연기를 못할 거라는 사람들의 ____________ 많이 힘들었습니다.

(3) A 선생님은 왜 미술을 전공하지 않고 글 쓰는 작가가 되셨습니까? 미술을 하셨어도 성공하셨을 것 같은데요.

B 미술을 하려면 돈이 많이 드는데 중학교 때 어려운 ____________ 미술을 계속할 수 없었습니다.

(4) A 이번 축제는 비싼 ____________ 사람들의 참여가 적었다는 이야기가 있는데요. 어떻게 생각하십니까?

B 네. 저희도 고민한 부분이었는데 다음에는 저렴한 비용으로 관람하실 수 있게 기획하겠습니다.

더 알아보기 N에 비해(서)

p.51

1. 그림을 보고 문장을 완성해 보세요.

(1)

우리 딸은 같은 나이의 다른 아이들에 비해(서) 키가 큰 편이에요.

(2)

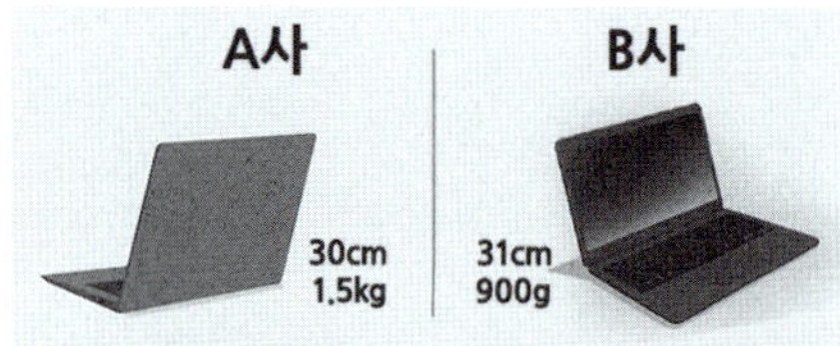

두 노트북은 크기는 비슷한데 A사 노트북이 B사 ________________ 무거워요.

(3)

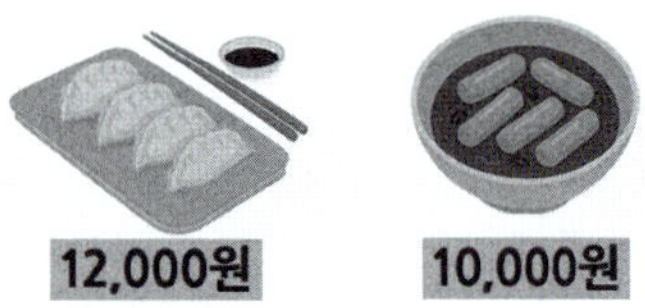

신촌분식은 음식이 맛있지만 ________________ 값이 비싼 편이라 잘 안 가게 돼요.

(4)

작년부터 기다리던 김민우 감독의 새 영화가 개봉돼서 봤는데 ________________ 지루했어요.

종합 연습

1. 알맞은 것을 골라 글을 완성해 보세요.

에 비해(서)	-(으)ㄴ/는 줄	-(으)ㄴ/는 탓에	-(으)ㄹ까 봐(서)

7월 25일 금요일

나는 내일 제주도로 여행을 떠날 예정이었다. 그래서 한 달 전에 한 펜션을 예약했다. 그 펜션은 다른 (1) 숙소에 비해(서) (숙소) 가격이 저렴했다. 그런데 오늘 폭우 때문에 비행기가 취소됐다는 문자 메시지를 받았다. 비행기가 (2) ________________ (취소되다) 여행을 못 가게 됐다. 그래서 펜션 예약을 취소하려고 했는데 숙소 예약 앱에 하루 전에는 환불이 안 된다고 나와 있었다. 폭우 때문에 어쩔 수 없는 상황이니까 당연히 환불이 (3) ________________ (가능하다) 알았는데 너무 당황했다. 나는 숙박 요금을 다 냈기 때문에 그 돈을 (4) ________________ (돌려받지 못하다) 걱정이 됐다. 그래서 펜션에 직접 문의하니까 직원이 펜션 주인과 이야기한 후에 연락을 주겠다고 했다. 환불이 됐으면 좋겠다.

듣고 쓰기

1. 쇼핑몰 상담원과 진차오의 대화예요. 듣고 물음에 답해 보세요.

3

(1) 들은 내용으로 알맞은 것을 골라 보세요.

① 이 쇼핑몰에서는 택배를 받은 지 일주일이 지난 상품은 교환이나 환불이 불가능해요.

② 진차오는 하자가 있는 모자를 배송받았지만 새 모자로 교환할 수 없어서 실망했어요.

③ 진차오가 지금 배송받은 상품을 반품하면 확인 후 쇼핑몰에서 새 상품을 보내 줄 거예요.

(2) 다시 듣고 교환을 요청하는 글을 써 보세요.

제목: 새 모자로 교환해 주세요. 작성자: 진차오

안녕하세요? 여러 번 전화를 드렸지만 통화가 되지 않아서 게시판에 글을 남깁니다. 10일 전에 이 쇼핑몰에서 파란색 야구 모자를 하나 구입했는데요. 제가 여행으로 ① ____________________ 택배가 와서 오늘 물건을 확인하게 됐습니다. 그런데 택배 상자를 열어 보니까 모자 장식이 떨어져 있었습니다. 이 쇼핑몰이 다른 데보다 비쌌지만 혹시 가격이 싸면 ② ____________________ 일부러 이 쇼핑몰에서 주문했는데 정말 실망입니다. 새 모자로 빨리 교환해 주시기 바랍니다.

2. 다샤와 부동산 중개인의 대화예요. 듣고 물음에 답해 보세요.

4

(1) 들은 내용으로 알맞은 것을 골라 보세요.

① 다샤는 지난주에 계약한 방이 마음에 들지 않아서 이사하려고 해요.

② 지금 이화원룸 302호에 사는 사람은 다음 달에 방을 뺄 예정이에요.

③ 부동산 중개인은 이화원룸에 방이 나오면 다샤에게 바로 연락하기로 했어요.

(2) 다시 듣고 들은 내용을 써 보세요.

다샤는 이화원룸을 계약하려고 했지만 할 수 없었다. 부동산에서 다샤의 연락을 기다리는 사이에 다른 사람이 ① ____________________. 다샤는 부동산 중개인에게 그 방이 마음에 든다고 말해서 ② ____________________ 아니었다. 계약금을 내야 계약으로 인정되는데 다샤는 계약금을 안 냈기 때문이었다. 다음 달까지 이사할 방을 구해야 하는 다샤는 ③ ____________________. 그런 다샤에게 부동산 중개인은 곧 학기가 끝나서 방이 많이 나올 테니까 너무 걱정하지 말라고 했다.

말하기

1. 다음을 읽고 ⓐ, ⓑ에 들어갈 말로 알맞은 것을 골라 보세요.

안녕하십니까? 저희 팀은 비행 중 가방이 부서진 문제 상황에 대해서 발표하려고 합니다. 비행기를 이용하면서 가방이 부서지거나 망가졌을 때 보상을 받지 못할까 봐서 걱정이 되지는 않습니까? 이런 일이 생겼을 때는 먼저 항공사 직원에게 가서 ____ⓐ____. 그 후 직원의 안내에 따라 가방이 망가진 것을 발견한 상황과 가방의 상태를 쓴 서류를 작성합니다. 만약 아무 문제가 없는 줄 알고 그냥 갔다가 가방이 망가진 걸 나중에 알게 된다면 7일 이내에 ____ⓑ____. 이때 가방 사진과 비행기표 등 다른 정보도 함께 보내야 됩니다. 여러분도 이런 문제가 생긴다면 위와 같은 방법으로 문제를 해결해 보시기 바랍니다. 이것으로 발표를 마치겠습니다. 고맙습니다.

① ⓐ 가방의 상태에 대해 알려야 합니다 ⓑ 항공사에 이메일을 보내면 됩니다

② ⓐ 가방을 점검하고 새것으로 교환합니다 ⓑ 전화나 문자 메시지로 알려야 됩니다

③ ⓐ 가방의 고장 정도를 확인받아야 합니다 ⓑ 망가진 가방을 공항으로 보내면 됩니다

2. 다음 물음에 답해 보세요.

(1) 수업 중 규칙을 어긴 것에 대해 변명하는 말로 알맞은 것을 골라 보세요. 말하기 기능

A 수업 시간에 계속 옆 친구하고 말을 하던데 무슨 일이 있는 거예요?

B 선생님, 다른 걸 한 게 아니라 모르는 단어의 뜻을 물어본 거예요. ____________________.

① 아무 일도 없어요

② 단어를 몰라서 어쩔 수 없었어요

③ 앞으로는 단어 뜻은 질문하지 않을게요

(2) 규칙을 어긴 것에 대해 정중하게 사과하는 말로 알맞은 것을 골라 보세요. 말하기 기능

A 수업 시간에 친구들에게 방해가 되지 않도록 주의해 줬으면 좋겠어요.

B ______________________________.

① 미안합니다. 하지만 저는 그렇게 행동하지 않았습니다

② 죄송합니다. 두 번 다시 이런 행동을 하지 않도록 조심하겠습니다

③ 저는 주의를 했습니다. 오늘만 규칙을 어겼으니까 눈감아 주시는 게 좋겠습니다

(3) 수업 중 규칙을 어긴 것에 대해 선생님께 변명하고 정중하게 사과하는 대화를 완성해 보세요. 그리고 말해 보세요.

한국어 선생님이에요. 학교 규칙을 자주 어기는 학생에게 그 이유를 묻고 규칙을 어긴 것에 주의를 주세요.

한국어를 배우는 학생이에요. 요즘 학교 규칙을 잘 지키지 않은 것에 대해 변명하고 선생님께 정중하게 사과하세요.

1

시간이 있는지 묻기

할 말 | 있다 + 지금 시간 | 있다

선생님　엘렌 씨, ① ____?

엘렌　네. 선생님. 그런데 무슨 일이세요?

2

수업 중 한국어 사용 규칙을 어긴 것에 대해 변명하기

문법 | **어렵다** + 영어 | 안 쓰다 ×

선생님　엘렌 씨, 주의를 줘도 수업 시간에 계속 친구들하고 영어로 말하던데 무슨 일이 있는 거예요?

엘렌　다른 게 아니라 모르는 문법을 물어보느라 그랬어요. ② ____.

3

규칙을 어긴 사정 말하기

사실 | 오늘 나 | 좋아하는 가수 | 새 앨범 | 발표하다 + 친구 | 그 이야기 | 하다

선생님　문법 물어본 게 아니라 휴대 전화를 보면서 영어로 이야기한 걸 말하는 거예요. 자꾸 영어를 하면 친구들한테도 방해가 되고 한국어도 빨리 늘지 않아요. 엘렌 씨도 알다시피 수업 시간에는 한국어만 해야 되잖아요.

엘렌　죄송합니다. ③ ____.

앞으로는 수업 시간에 한국어로만 말하겠습니다.

4

규칙을 어긴 것에 대해 정중하게 사과하기

오늘 규칙 | 어기다 + 죄송하다

선생님　네. 주의해 줬으면 좋겠어요.

엘렌　네. 앞으로 주의하겠습니다. ④ ____.

읽고 쓰기

1. 다음을 읽고 물음에 답해 보세요.

8월 17일 금요일

오늘은 나에게 아주 중요한 면접이 있는 날이었다. 그런데 ㉠ 할 수만 있다면 시간을 앞으로 돌리고 싶다. 나는 오전에 학교에서 한국어를 공부하고 오후에는 학원에서 학생들에게 영어를 가르치고 있다. 집과 학교는 신촌에 있는데 학원은 강남에 있는 탓에 출퇴근하기가 너무 힘들었다. 그래서 얼마 전부터 신촌으로 직장을 옮기려고 알아보고 있었는데 드디어 신촌에 있는 한 학원에서 연락이 와서 오늘 면접을 보게 된 것이었다.

면접이 오후 4시라서 한국어 수업이 끝나자마자 집에 와서 잠깐 쉬었다. (ⓐ) 4시까지 잠을 안 자려고 했지만 너무 피곤해서 버틸 수가 없었다. 직장을 옮기기 전에 지금 일하는 곳에서 정리할 게 좀 많았는데 한국어 수업에서 발표까지 맡게 되어 그 준비로 며칠 밤을 새우다시피 했기 때문이었다. (ⓑ) 그래서 잠깐 눈을 붙였다. (ⓒ) 며칠 동안 잠을 거의 못 잔 탓에 잠이 너무 깊게 들어서 알람 소리를 못 들은 것이었다.

잠이 깨자마자 그 학원 원장 선생님께 전화를 했지만 통화가 되지 않아서 내일 찾아뵙겠다고 문자 메시지를 드렸다. 그래도 큰 실수를 한 것 같아서 방금 다시 용서를 구하는 이메일을 썼다. 오늘 면접 약속을 지키지 못한 것도, 많이 기다리셨을 텐데 본의 아니게 미리 연락을 못 한 것에 대해서도 말할 수 없이 죄송하다. 그리고 ㉡ 멋대로 문자로 내일 찾아뵙겠다고 한 것도 너무 경솔했다. 그 선생님이 내가 핑계를 대는 거라고 생각하실까 봐서 걱정되지만 그래도 이메일을 읽으시고 화를 푸셨으면 좋겠다. 그리고 혹시 나한테 다시 면접 기회를 주신다면 최선을 다해 면접을 준비해 가야겠다.

(1) ㉠과 ㉡에서 느껴지는 이 글을 쓴 사람의 심정으로 알맞은 것을 골라 보세요. 읽기 전략

① 앞으로 생길 일에 대해 불안감을 느끼고 있다.

② 자신이 한 행동에 대해 후회하고 반성하고 있다.

③ 오늘 자신에게 생긴 일에 대해 당황스럽게 생각하고 있다.

2. 다시 읽고 물음에 답해 보세요.

(1) 다음 문장이 들어갈 곳으로 알맞은 것을 골라 보세요.

그런데 일어나 보니 면접 시간이 훨씬 지나 있었다.

① ⓐ ② ⓑ ③ ⓒ

(2) 이 글을 쓴 사람이 약속을 지키지 못한 이유로 알맞은 것을 골라 보세요.

① 발표 준비로 한국어 수업이 4시에 끝났기 때문에

② 알람 소리를 못 들은 탓에 약속 시간이 지나서 일어났기 때문에

③ 새로 일할 학원의 면접시험을 준비하느라 며칠 밤을 새웠기 때문에

(3) 읽은 내용으로 알맞은 것을 골라 보세요.

① 이 사람은 지금 다니는 학원에 일이 많아서 직장을 옮기려고 한다.

② 이 사람은 면접 기회를 놓친 것이 아쉬워 핑계를 대기 위해 이메일을 썼다.

③ 이 사람은 원장 선생님이 이메일을 읽고 자신의 잘못을 용서해 주기 바란다.

3. 1을 바탕으로 글을 써 보세요.

오늘 면접을 보러 가지 못해서 정말 죄송합니다.
보낸 사람: 조슈아 <joshua@germail.com>
받는 사람: 김석현 선생님 <shkim@shk_english.com>
8월 17일(금) 오후 8:20

사과 대상, 인사

김석현 선생님께

선생님, 안녕하십니까? 조슈아입니다.

전화드렸는데 통화가 되지 않아서 이렇게 이메일을 드립니다.

실수하거나 잘못한 일, 사과의 말

선생님의 일정은 생각하지 않고 경솔하게 행동했습니다.

실수나 잘못을 한 이유

제가 핑계를 대는 것처럼 생각하실까 봐서 걱정이 되지만 실은 학원을 옮기는 문제 때문에 지금 일하는 학원에서 정리할 일이 좀 많았습니다.

제가 일어났을 때는 이미 선생님과 약속한 시간이 지나 있어서 본의 아니게 면접을 보러 가지 못했습니다.

문제 해결 제안

선생님, 괜찮으시다면 선생님이 편하신 시간에 다시 면접 기회를 주실 수 있을까요?

앞으로의 각오와 사과, 인사

오늘 본의 아니게 선생님께 예의 없이 행동한 것 같습니다. 앞으로는 이런 일이 없도록 주의하겠습니다. 오늘 일에 대해 다시 한번 용서를 구합니다.

조슈아 드림

9 단원 언어와 생활

어휘와 표현 ❶ 언어 습관

p.64

1. 밑줄 친 부분은 주요 어휘와 표현이에요. 관계있는 것을 골라 써 보세요.

(1) "친구가 매일 불평을 늘어놓아요." ③

(2) "친구 사이에도 예의를 갖춰 말하는 게 좋아요." ____

(3) "오해가 생기지 않도록 말을 신중하게 해야 돼요. " ____

① "그렇죠. 말하기 전에 한 번 더 생각하고 말해야 돼요."

② "맞아요. 가까운 사이일수록 함부로 말하지 않는 게 중요한 것 같아요."

③ "친구에게 마음에 안 드는 점만 말하지 말고 긍정적인 점도 생각해 보자고 하세요."

2. 1의 밑줄 친 표현을 사용해 대화를 완성해 보세요.

진행자 직장에서 다른 사람과 소통을 잘하려면 무엇을 주의해야 될까요?

전문가 네. 사회생활을 잘하기 위해서는 대화할 때 깊이 생각하고 나서 (1) 말을 신중하게 하는 것이 매우 중요합니다. 마음에 들지 않는 일이 있을 때 부정적으로 (2) ____________ 경우가 있는데요. 그 말을 계속 듣는 동료들은 불편함을 느끼게 됩니다.

진행자 그렇군요. 하루 종일 함께 일하는 동료들이니 서로 잘 지내려는 노력이 필요한 것 같습니다.

전문가 네. 가까운 사이일수록 더욱 상대방에게 (3) ____________ 노력해야겠습니다.

3. 알맞은 것을 골라 글을 완성해 보세요.

귀를 기울이다	남의 말을 끊다	함부로 비난하다

상대방을 이해하는 대화의 기술

때로 사람들은 상대방이 말할 때 집중해서 잘 듣지 않는 경우가 있다. 다른 사람과 대화할 때는 관심을 갖고 상대방의 말에 (1) 귀를 기울이는 것이 좋다. 대화를 하는 동안, 상대방의 말을 끝까지 듣지 않고 (2) ____________ 대화가 기분 좋게 이어질 가능성이 별로 없다. 또한 상대방의 의견이 자신과 다르다고 해서 "너는 틀렸어.", 또는 "널 이해할 수 없어."와 같이 (3) ____________ 안 된다. 상대방의 기분과 입장을 살펴서 말을 신중하게 해야 공감대를 형성하며 대화할 수 있는 것이다.

어휘와 표현 ❷ 언어 사용

1. 밑줄 친 부분은 주요 어휘와 표현이에요. 관계있는 것을 연결해 보세요.

(1) 사투리를 써요. •
(2) 맞춤법이 틀려요. •
(3) 말을 줄여서 해요. •
(4) 외국어를 지나치게 사용해요. •

• ① "전 오늘 '아아'를 마시고 싶어요."
• ② "잡지에 영어로 된 단어가 너무 많아요."
• ③ "제주에서 시장에 갔는데 제주에서만 사용하는 단어를 들었어요."
• ④ "교수님께 이메일을 보내는데 철자를 잘못 쓸까 봐 걱정이 됐어요."

2. 1의 밑줄 친 표현을 사용해 대화를 완성해 보세요.

한국어를 처음 배울 때 어떤 점이 어려웠어요?

한국 친구들이 '맛점', '깜놀'이라고 메시지를 보내서 못 알아들은 적이 있어요. (1) 말을 줄여서 하니까 이해가 안 되는 거예요. 그리고 부산에 갔을 땐 사람들이 표준어가 아니라 (2) ________ 당황했어요.

인터넷에서 쓰는 언어에 문제가 좀 많은 것 같습니다.

네. 제대로 된 철자를 몰라서 (3) ________ 문장을 쓴 경우가 많습니다. 게다가 불필요하게 한국어가 아닌 (4) ________ 것도 큰 문제입니다.

3. 알맞은 것을 골라 글을 완성해 보세요.

말투가 부드럽다	억양이 어색하다	표준어로 말하다	발음이 자연스럽다

내가 처음 한국에 왔을 때는 부산에 있는 어학원에서 한국어를 공부했다. 그런데 1년 후에 서울에서 일하게 되면서 나의 서울 생활이 시작됐다. 서울에 오니까 나만 사투리로 말하고 다른 사람들은 대부분 (1) 표준어로 말했다. 부산에서 살 때는 몰랐는데 내 말의 높낮이가 달라서 (2) ________ 것을 알게 됐다. 또한 서울 사람들의 말이 부산 사람들의 말보다 (3) ________ 친절하게 느껴졌다. 지금은 서울에서 산 지 2년이 넘어서 그런지 한국 친구들이 나에게 사투리를 쓰지 않고 억양과 (4) ________ 말한다.

문법 ❶ V-다(가) 보면

pp.65~66

1. 관계있는 것을 연결하고 문장을 완성해 보세요.

(1) 스트레스를 많이 받다 •　　　• ① 매운맛에 익숙해지고 좋아하게 되다

(2) 매운 김치도 자꾸 먹다 •　　　• ② 자연스럽게 한국어 표현을 배우게 되다

(3) 한국 드라마를 자주 보다 •　　　• ③ 눈이 건조해지고 손목이나 목에 통증이 생기다

(4) 스마트폰을 오랜 시간 사용하다 •　　　• ④ 불면증이 생기고 잠을 잘 자도 피로를 느낄 수 있다

(1) 스트레스를 많이 받다(가) 보면 불면증이 생기고 잠을 잘 자도 피로를 느낄 수 있습니다.

(2) 매운 김치도 자꾸 ________________________.

(3) 한국 드라마를 자주 ________________________.

(4) 스마트폰을 오랜 시간 ________________________.

2. 알맞은 것을 골라 대화를 완성해 보세요.

걷다	떨다	읽다	훈련하다

(1) A 주말에 산책하고 싶을 때 보통 어디로 나가세요?

B 전 청계천에 자주 가요. 거기 주변을 걷다(가) 보면 마음이 편안해지고 머리가 맑아져요.

(2) A 이강은 선수, 지금도 열심히 운동하고 있는 후배들에게 해 주고 싶은 말이 있으십니까?

B 큰 대회를 앞두고 ____________ 다칠 수도 있는데요. 모든 후배들이 부상 없이 건강하게 운동하기 바랍니다.

(3) A 김영하 작가의 작품은 어때요?

B 전 그 작가를 좋아해요. 엘렌 씨도 읽어 보세요. 작품들을 ____________ 이야기가 개성 있고 매력적이라는 생각이 들 거예요.

(4) A 위칭 씨, 무슨 통화를 그렇게 오래 해요? 친구랑 할 얘기가 많았어요?

B 어? 시간이 벌써 이렇게 지났어요? 별 얘기는 안 했는데요. 이 친구랑 수다를 ____________ 끝이 없어요.

문법 ❷ V-아/어 두다

pp.67~68

1. 알맞은 것을 골라 글을 완성해 보세요.

들다	정하다	검색하다	발급받다

진영

선배, 저는 해외여행이 처음이에요. 그래서 설레기도 하지만 걱정도 많이 되는데요. 해외여행 가기 전에 뭐부터 준비하면 좋을지 조언해 주세요.

오후 9:26

수빈

우선은 여행지의 숙소를 찾아보고 어디에서 묵을지 (1) 정해 두는 게 좋아. 교통이 편리한 곳에 있는 숙소를 예약하는 게 좋지. 여행자 보험이 있으면 도움이 되니까 보험을 (2) ＿＿＿＿＿＿＿＿. 여행 중에 병원에 가거나 짐을 잃어버릴 수도 있거든. 유적지, 교통편, 맛집 등 여행지 정보도 인터넷에서 (3) ＿＿＿＿＿＿＿＿. 그리고 해외에서 바로 사용할 수 있는 여행자 카드가 있으니까 미리 카드를 (4) ＿＿＿＿＿＿＿＿ 게 좋겠다. 여행 잘 다녀와!

오후 9:45

2. 알맞은 것을 골라 대화를 완성해 보세요.

걸다	적다	맡기다	세우다

(1) A 엘렌 씨, 뭘 그렇게 찾고 있어요?

B 수업 시간에 발표할 내용을 적어 둔 종이가 없어져서 찾고 있어요.

(2) A 진영 씨, 고향에 갈 때 고양이는 어떻게 할 거예요?

B 친구에게 ＿＿＿＿＿＿＿＿ 다녀오려고 해요. 친구가 고양이를 돌봐 주기로 했어요.

(3) A 여보세요. 지금 식사하러 가려고 하는데요. 식당 근처에 주차 공간이 있나요?

B 네. 손님. 식당 옆에 주차장이 있으니까 거기에 차를 ＿＿＿＿＿＿＿＿ 오시면 됩니다.

(4) A 위칭 씨, 갑자기 왜 선물을 주는 거예요? 오늘 아무 날도 아닌데요.

B 위칭 씨가 얼마 전에 이사했잖아요. 이 액자를 위칭 씨 집에 ＿＿＿＿＿＿＿＿ 좋을 것 같아서 사 봤어요. 마음에 들어요?

문법 ③ N만 같아도

pp.70~71

1. 알맞은 것을 골라 대화를 완성해 보세요.

어제	작년	평소	90년대

(1) A 중고 거래를 자주 하는 편이에요?

B 작년만 같아도 중고 거래하는 게 불편할 거라고 생각했는데 올해 들어서 해 보니까 편리해서 자꾸 하게 돼요.

(2) A 박지운 기자! 어제에 비해 오늘은 아주 쌀쌀한데요. 내일 날씨는 어떻게 될까요?

B ______________ 봄이 오는 것 같더니 오늘은 날씨가 갑자기 변했습니다. 내일 전국 대부분 지역에서 기온이 더 떨어지겠습니다.

(3) A 교수님, 스마트폰이 등장하면서 만화 시장도 많이 달라진 것 같습니다.

B 네. ______________ 스마트폰으로 만화를 본다는 것은 상상도 못 할 일이었는데요. 인터넷에서 만화를 보는 게 매우 흔한 일이 됐습니다.

(4) A 명절 때라서 그런지 길이 너무 막히네요. 모임에 늦겠어요.

B 그러게요. ______________ 이 정도로 길이 막히지는 않던데요. 엘렌 씨에게 지금 연락해서 늦을지도 모른다고 말해 둘게요.

2. 의미가 같은 문장으로 바꿔 보세요.

(1) 나는 처음 한국에 왔을 때 "안녕하세요." 말고는 할 줄 아는 말이 없었다.

⇨ 처음 한국에 왔을 때만 같아도 내가 이렇게 한국말을 잘하게 될 줄 몰랐다.

(2) 강릉은 경치도 멋있고 살기도 좋은데 서울은 강릉에 비해 공기가 좋지 않고 복잡해서 아쉽다.

⇨ 서울이 ______________ 공기도 좋고 복잡하지 않아서 살기 좋을 텐데요.

(3) 지난달에 아르바이트를 그만두었는데 그때는 금방 새 일자리를 구할 줄 알았다.

⇨ 지난달에 ______________ 금방 새 일자리를 구할 줄 알았는데 아직 못 구했다.

(4) 한국으로 유학을 온 후 외식을 자주 하게 된다. 내가 엄마처럼 요리를 잘한다면 외식을 많이 안 해도 될 것 같다.

⇨ 한국으로 유학을 온 후 외식을 자주 하게 된다. 내 요리 실력이 ______________ 외식을 많이 하지 않아도 될 텐데.

문법 ❹ V-는 한

pp.77~78

1. 관계있는 것을 연결하고 문장을 완성해 보세요.

(1) 노력도 안 하고 울고만 있다 • • ① 책 읽을 시간을 내기 힘들다

(2) 회사에서 규칙을 바꾸지 않다 • • ② 그 문제를 해결할 수 없을 것이다

(3) 지금처럼 물가가 계속 오르다 • • ③ 직원들은 그 규칙을 지킬 수밖에 없다

(4) 하루 종일 인터넷만 들여다보다 • • ④ 지금의 월급으로는 돈을 모으기 쉽지 않다

(1) 노력도 안 하고 울고만 있는 한 그 문제를 해결할 수 없을 것이다.

(2) 회사에서 규칙을 ______________________.

(3) 지금처럼 물가가 계속 ______________________.

(4) 하루 종일 인터넷만 ______________________.

2. 의미가 같은 문장으로 바꿔 보세요.

(1) A 교수님, 어떻게 하면 감기를 예방할 수 있을까요?

B 잘 알고 계신 것처럼 손을 자주 씻으면 감기에 잘 걸리지 않을 겁니다.

⇨ 잘 알고 계신 것처럼 손을 자주 씻는 한 감기에 잘 걸리지 않을 겁니다.

(2) A 지난 주말에 학교 앞에서 산 티셔츠를 교환하고 싶은데 가능할까?

B 물론이지. 영수증만 가지고 가면 2주 안에는 교환할 수 있어.

⇨ ______________ 2주 안에는 교환할 수 있어.

(3) A 어머, 벌써 4시예요? 4시 반까지 명동에 갈 수 있을까요?

B 서둘러야겠어요. 지금 바로 지하철을 타야 제시간에 도착할 수 있을 거예요.

⇨ 지금 바로 ______________ 제시간에 도착하기 힘들 거예요.

(4) A 선생님, 제 증상이 햇빛 알레르기 때문인가요?

B 네. 요즘 같은 여름에는 선크림을 잘 발라야 햇볕에 피부가 상하는 것을 막을 수 있습니다.

⇨ 네. 요즘 같은 여름에는 선크림을 ______________ 햇볕에 피부가 상하는 것을 막을 수 없습니다.

더 알아보기 ① A/V-(으)ㄹ 정도

p.75

1. 알맞은 것을 골라 대화를 완성해 보세요.

아쉽다	힘들다	방해되다	촬영하다

(1) A 최 기자, 오늘 전국에 비가 많이 내렸는데 제주는 어땠습니까?

B 오늘 제주에서는 4월이라고는 믿기 힘들 정도로 차가운 비바람이 불었습니다.

(2) A 어제 본 영화는 어땠어요?

B 정말 좋았어요. 내용이 흥미롭고 배우들의 연기도 좋아서 영화가 끝나는 게 ________________.

(3) A 어제 왜 집에서 공부 안 하고 도서관에 갔어요?

B 옆집의 공사 소리가 너무 커서 공부에 ________________. 그래서 도서관에서 공부했어요.

(4) A 와! 이곳 한옥 마을은 정말 아름답네요.

B 그렇죠? 이 한옥 마을을 배경으로 해서 이미 영화나 드라마를 많이 ________________ 경치가 아름다워요.

더 알아보기 ② A/V-(으)ㄹ 수밖에 없다

p.80

1. 알맞은 것을 골라 대화를 완성해 보세요.

많다	돌아가다	지역이다	취소하다

(1) A 왜 이렇게 늦게 왔어요? 루이즈 씨 오기를 기다렸어요.

B 미안해요. 일찍 나왔는데 지갑을 집에 두고 나오는 바람에 다시 집에 돌아갈 수밖에 없었어요.

(2) A 어? 오늘 강릉으로 여행을 간다고 하더니 왜 학교에 있어요?

B 결국 못 갔어요. 일기예보에서 내일 태풍이 온다고 해서 여행을 ________________ 상황이었어요.

(3) A 이 식당 앞에는 사람들이 항상 줄을 길게 서 있는데요. 여기는 왜 이렇게 인기가 많다고 생각하십니까?

B 전망이 좋을 뿐만 아니라 음식 맛도 좋아서 인기가 ________________.

(4) A 이 동네 집값이 높은 이유는 무엇입니까?

B 이곳은 집값이 높은 ________________. 왜냐하면 교통이 편리하고 주변 환경이 깨끗하기 때문이에요.

듣고 쓰기

1. 사회자와 전문가의 대화예요. 듣고 물음에 답해 보세요.

5

(1) 들은 내용으로 알맞은 것을 골라 보세요.

① 칭찬을 받은 아이들은 자연스럽게 자신감을 가지게 돼요.

② 칭찬하는 방법에 대해 설문 조사를 한 후 그 결과를 소개하고 있어요.

③ 부모가 아닌 다른 사람이 아이에게 칭찬을 해 주었을 때 효과가 좋아요.

(2) 다시 듣고 칭찬하는 방법을 소개하는 글을 써 보세요.

안녕하세요? 오은성입니다. 우리는 아이에게 하는 칭찬이 얼마나 중요한지는 잘 알고 있습니다. 그런데 혹시 '칭찬이 오히려 아이를 망칠 수도 있다'는 생각을 해 본 적 있으신가요? 한 실험에 따르면, 아이들은 '머리가 좋다', '최고다'와 같이 능력에 대해 필요 이상의 ① ____________ 오히려 실수를 할까 봐 두려워하게 된다고 합니다. 반면, 노력에 대해 칭찬받은 아이들은 긍정적인 반응을 보였다고 합니다. 따라서 부모는 결과보다는 노력과 과정에 대해 칭찬하는 방법을 ② ____________. 말로 하는 칭찬이 어렵다면 표정이나 행동으로 표현하고 노력과 과정에 대해 칭찬하는 것이 중요합니다.

2. 전문가의 강연이에요. 듣고 물음에 답해 보세요.

6

(1) 들은 내용으로 맞지 않는 것을 골라 보세요.

① '부랴부랴'는 '매우 급하게 서두르는 모양'이라는 뜻을 전달할 때 사용해요.

② '엿보다'는 '다른 사람 모르게 몰래 살펴보다'라는 의미로 사용되고 있어요.

③ 옛날 한국인들은 여우를 중요한 동물이라고 여겨서 여러 표현에 사용했어요.

(2) 다시 듣고 들은 내용을 써 보세요.

강연자는 지난 시간에 이어서 한국어 표현의 어원을 설명하고 있다. 예로 든 한국어 표현은 '엿보다'와 '엿듣다'인데, 두 단어의 '엿'이 동물 중에서 ① ____________ 옛말이라는 사실을 소개했다. 현대 한국어의 '여우'는 15세기만 같아도 '엿'이라는 형태로 사용되었다고 했다. 그리고 한국어를 배우다 보면 재미있는 표현을 만나게 되는데 '부랴부랴'는 ② ____________ 말에서 비롯됐다고 설명했다. 이처럼 ③ ____________ 한국어 공부가 더 재미있어지고 상황에 맞는 표현을 사용할 수 있게 된다고 강조했다.

말하기

1. 다음을 읽고 ⓐ, ⓑ에 들어갈 말로 알맞은 것을 골라 보세요.

안녕하세요? 여러분은 '인생 맛집', '인생 드라마', '인생 사진' 등과 같은 신조어에 대해 알고 계십니까? '인생'은 원래 '우리가 살아가는 삶'을 의미하지만, 최근에는 '최고다, 멋지다'라는 의미로 사용되고 있습니다. 대상이 너무 마음에 들 때 '___ⓐ___ 최고다'라고 말하는 겁니다. 예전만 같아도 소셜 미디어에 개인의 특별한 경험을 다른 사람과 공유하는 사람들이 적었는데요. 소셜 미디어 사용자가 증가하면서 개인이 소비한 것을 보여주고 ___ⓑ___ 문화가 자리 잡게 되었습니다. 이와 같이 신조어는 현대 사회의 소비문화와 사회 분위기를 반영합니다. 이상은 저희 팀의 발표였습니다. 감사합니다.

① ⓐ 잊지 못할 정도로 ⓑ 개인의 경험을 살리는

② ⓐ 기억에 남을 정도로 ⓑ 개인의 경험을 자랑하는

③ ⓐ 기억이 나지 않을 정도로 ⓑ 개인의 의견을 주고받는

2. 다음 물음에 답해 보세요.

(1) 유행어 사용의 장단점을 표현하는 말로 알맞은 것을 골라 보세요. 말하기 기능

A 유행어를 쓰면 알아듣기 힘들지 않아요?

B ________________________________.

① 사용하면 할수록 재미있어서 다음에도 또 그 말을 사용하고 싶어져요

② 처음 들었을 때는 알아듣기 힘들어서 친구에게 무슨 뜻이냐고 묻기도 했어요

③ 지나치게 사용하면 알아듣기 힘든 반면에 한국 친구와 가까워지는 느낌이 들어요

(2) 유행어의 지나친 사용에 대한 문제점을 표현하는 말로 알맞은 것을 골라 보세요. 말하기 기능

A 유행어를 지나치게 많이 사용하면 어떤 문제가 생길까요?

B ________________________________.

① 처음 유행어를 들을 때는 이해하기 어려울 수밖에 없어요

② 필요 이상으로 사용한다면 의사소통에 문제가 생길 수 있어요

③ 하고자 하는 말을 상대방에게 친근하게 전하고 싶으면 꼭 사용해 보세요

(3) 한국어의 유행어를 듣고 유행어 사용의 장단점과 지나친 사용의 문제점에 대해 말하는 대화를 완성해 보세요. 그리고 말해 보세요.

요즘 유행하는 말인 유행어의 의미를 말하세요. 그 유행어의 의미에 대한 루이즈의 질문을 듣고 의미를 말하세요. 그리고 유행어의 지나친 사용의 문제점을 말하세요.

유나가 말한 유행어의 의미에 대해 질문하세요. 유나에게 자신이 들은 또 다른 유행어를 말하고 유행어 사용의 장단점을 말하세요. 유행어의 지나친 사용으로 생기는 문제점에 대해 말하세요.

1 **모르는 유행어에 대해 묻기**

친구들 | '대박'이라는 말 | 자주 쓰다 + 무슨 뜻이다

유나 루이즈 씨, 이 빵 좀 먹어 봐요. 대박이에요!

루이즈 고마워요. 정말 맛있네요. 그런데 유나 씨, ① ____?

2 **모르는 유행어에 대해 말하기**

굉장히 좋다는 뜻 | 쓰이다

유나 아! '대박'요? "친구의 노래 실력이 정말 대박이다!"와 같이 ② ____________________________________. 사람들이 이렇게 많이 말하는데 처음 들어봤어요?

루이즈 네. 처음 들었는데 재미있네요. 저도 다음에 써 봐야겠어요.

3 **유행어 사용의 장단점 말하기**

알아듣기 힘들기는 하다 + 유행어 | **사용하다** + 친구들 | 한결 친근해지는 느낌 | 들다 + 좋다

유나 그런데 루이즈 씨, 한국 사람들이 유행어를 너무 많이 쓰면 알아듣기 힘들지 않아요?

루이즈 맞아요. 예전에 한국 친구들이 '인싸', '아싸'라는 말을 한 적이 있는데 무슨 말인지 몰라서 당황한 적이 있었어요. 그런데 처음에는 ③ ____________________________________. 왠지 유행을 잘 따라가는 것 같기도 하고요.

4 **유행어의 지나친 사용에 대한 문제점 말하기**

유행어 | 과도하게 **사용하다** + 의사소통 | 문제 | 생기다

유나 네. 그런데 지나치게 사용하면 안 될 것 같아요. ④ ____________________________________.

루이즈 맞아요. 상황에 맞춰서 적절하게 사용하는 게 제일 좋을 것 같아요.

1. 다음을 읽고 물음에 답해 보세요.

국립국어원 게시판 / 한국어 무엇이든 물어보세요.

"커피 나오셨습니다."라고 말해도 괜찮아요?

가 작성자 위칭 | 작성일 202X. 5. 2. 조회수 33

한국어에서 높임 표현이 어려운 거 같습니다. 그런데 요즘 카페나 가게에서 "커피 나오셨습니다.", "이 상품은 품절이십니다."와 같은 말을 종종 듣게 됩니다. 이런 말은 외국인인 제가 듣기에도 어색할 정도였습니다. ⓐ "커피 나오셨습니다."라고 말해도 되나요?

ㄴ **[답변] 높임 표현**

나 답변자 온라인 가나다 | 답변일 202X. 5. 8.

안녕하십니까? 말씀하신 상황은 점원이 높임 표현을 잘못 사용한 겁니다. '커피'나 '상품'은 높일 필요가 없습니다. 예의 바른 태도로 손님을 맞이하려고 하다 보니 높임 표현을 과도하게 사용한 것입니다. "커피 나왔습니다.", "이 상품은 품절입니다."로 고쳐 말해야 됩니다.

ㄴ 다 happ**

전 아르바이트할 때 손님에게 "자리가 없으십니다."라고 말한 적이 있습니다. ⓑ "자리가 없습니다."라고 말하면 예의 없어 보일까 봐 그랬습니다. 그러면 ⓒ "어머니께서는 손이 예쁘십니다."라고 말하는 건 올바른 표현인가요?

ㄴ 라 답변자 온라인 가나다 | 답변일 202X. 5. 16.

과도한 친절이 담긴 잘못된 표현을 사용하다 보면 의사소통에 방해가 됩니다. 말하는 사람도 불편한 어색한 문장을 계속 사용하는 한 높임 표현은 제 기능을 할 수 없습니다. 그런데 말씀하신 "어머니께서는 손이 예쁘십니다."는 올바른 문장입니다. 대화에서 높이려는 사람의 신체, 가족 등은 높여서 말합니다.

(1) ⓐ, ⓑ, ⓒ를 읽고 각 질문에 맞는 답을 찾아 연결해 보세요. 읽기 전략

① ⓐ "커피 나오셨습니다."라고 말해도 될까? •	• 사물을 높이는 표현이므로 틀린 표현이다.
② ⓑ "자리가 없습니다."라고 말하면 예의 없어 보이지 않을까? •	• 상대방의 신체, 가족 등은 높여서 말할 수 있다.
③ ⓒ "어머니께서는 손이 예쁘십니다."는 올바른 표현일까? •	• 과도한 친절이 담긴 잘못된 표현을 사용하면 의사소통에 방해가 된다.

2. 다시 읽고 물음에 답해 보세요.

(1) 이 글의 특징에 대한 설명으로 알맞은 것을 골라 보세요.

① 한국어와 다른 언어의 높임 표현을 비교하고 있다.
② 한국어의 높임 표현을 배우는 방법에 대해 소개하고 있다.
③ 한국어의 높임 표현을 사용할 때 나타나는 문제점을 설명하고 있다.

(2) 읽은 내용으로 알맞은 것을 골라 보세요.

① 과도한 높임 표현을 쓰면 오히려 의사소통에 방해가 된다.
② 높임 표현을 사용할 때 상대방의 물건도 높여서 말하는 것이 좋다.
③ 예의 바른 태도로 말하고 싶더라도 상대방의 신체까지 높이면 안 된다.

(3) 높임 표현을 잘못 사용한 사람을 골라 보세요.

① 다샤: 손님, 봉툿값은 100원입니다.
② 쇼타: 화장실은 오른쪽으로 가시면 나오세요.
③ 위칭: 우리 반 선생님은 목소리가 예쁘십니다.

3. 1을 바탕으로 글을 써 보세요.

	일상 속 잘못 쓰는 높임 표현은?
잘못된 언어 사용에 대한 문제 제기	한국어는 높임 표현이 발달한 언어이다. 외국인뿐만 아니라 심지어 한국인도 높임 표현을 사용하면서 어려움을 겪는다. 대화 상황에서 듣는 사람이나 대상을 높이는 방식이 복잡해서 높임 표현을 사용할 때 실수하기도 하는 것이다.
구체적인 예시	커피숍, 식당 등에서 "커피 나오셨습니다."나 "이 상품은 품절이십니다." 등과 같은 말을 들은 적이 있는가? _______ 듣는 사람이 불편할 정도로 높이는 표현, 이대로 괜찮은 걸까?
그 문제점이 미치는 부정적인 영향	잘못된 높임 표현을 사용하면 어떤 문제가 생길까? _______
문제를 해결하는 방안	그렇다면 높임 표현을 제대로 사용하기 위해 어떻게 해야 할까? 상대방에게 예의를 지키면서 올바른 표현을 사용하려면 먼저 과도한 높임 표현은 문제라는 것을 기억하고, 될 수 있는 한 잘못된 표현을 사용하지 않기 위해 노력해야 된다. 또한 학교에서도 올바른 높임 표현을 가르치는 교육을 할 필요가 있다.

10 단원 우리 주변의 이웃

어휘와 표현 ❶ 갈등과 해결 방법

p.86

1. 밑줄 친 부분은 주요 어휘와 표현이에요. 관계있는 것을 골라 써 보세요.

(1) 갈등이 생겼어요. ___①___

(2) 대화로 풀었어요. ______

(3) 화해를 청했어요. ______

(4) 층간 소음에 시달려요. ______

① "회사에서 일을 하다가 생각이 서로 달라 동료와 싸웠어요."

② "밤마다 위층에서 들리는 시끄러운 음악 소리 때문에 힘들어요."

③ "선배와 안 좋은 일이 있었는데 이야기를 나누면서 해결했어요."

④ "친구와 싸웠는데 제가 사과하면서 안 좋은 감정을 풀자고 했어요."

2. 1의 밑줄 친 표현을 사용해 글을 완성해 보세요.

요즘 위층에서 들리는 시끄러운 소리로 (1) ___층간 소음에 시달리고___ 있는 사람들이 많아졌습니다. 이 때문에 (2) ______________ 어려움을 겪는 이웃들도 많고요. 상우 씨도 조용히 해 달라고 아래층 사람이 붙여 놓은 메모 때문에 당황스러우셨을 것 같네요. 일단 직접 찾아가셔서 이야기해 보세요. 서로 얼굴을 보면서 (3) ______________ 것이 제일 좋습니다. 아래층 사람의 말을 들어 보고 자신이 잘못한 것 같으면 먼저 (4) ______________ 보시기 바랍니다.

3. 알맞은 것을 골라 대화를 완성해 보세요.

싸움을 말리다	불편을 호소하다	잘잘못을 가리다	서로의 입장을 이해하다

(1) A 거기 관리실이죠? 아파트 계단에서 자꾸 담배 냄새가 나서 좀 불편합니다.

B 네. 요즘 같은 일로 ___불편을 호소하는___ 사람들이 많네요. 금연 안내문을 붙이겠습니다.

(2) A 쌍둥이가 지금 다섯 살인데 둘이 너무 싸워서 힘들어요.

B 저도 예전에는 하루 종일 애들 ______________ 게 일이었는데 지금은 둘이 잘 지내요.

(3) A 다샤 씨는 지금 위칭 씨와 같이 살고 있죠? 두 사람의 생활 습관이 달라서 같이 사는 게 불편하지 않아요?

B 처음에는 힘들었지만 각자의 생활 방식을 인정하고 ______________ 후부터는 괜찮아졌어요.

(4) A 부장님, 이번 일이 성공하지 못한 것은 올리버 씨가 일처리를 잘못했기 때문인 것 같습니다.

B 무슨 말인지 알겠는데 지금은 누구의 ______________ 것보다 문제를 해결하는 것이 더 중요합니다.

1. 알맞은 것을 골라 대화를 완성해 보세요.

목숨을 구하다	재능을 기부하다	전 재산을 내놓다

A 이웃을 돕는 사람들의 따뜻한 이야기가 화제가 되고 있는데요. 어떤 이야기인지 소개해 주세요.

(1) B 길에 80대 노인이 쓰러져 있었는데 지나가던 학생들이 이 노인을 보고 바로 응급 처치를 했다고 합니다. 그래서 학생들이 노인의 목숨을 구했다고 합니다.

(2) B 박미자 할머니께서 가정 형편이 어려워 제대로 공부하지 못하는 아이들을 도와주고 싶다고 하셨습니다. 그래서 평생 동안 일하시면서 모은 ______________ ______________ 합니다.

(3) B 축구 선수 이강은 씨가 축구 수업을 받을 수 없는 아이들에게 찾아가서 축구를 가르쳐 줬다고 합니다. 바쁜 일정 중에도 자신의 ______________ 이강은 씨가 대단합니다.

2. 밑줄 친 부분은 주요 어휘와 표현이에요. 관계있는 것을 연결해 보세요.

(1) 더불어 살아요. • ········ • ① 모두가 함께 배려하며 조화롭게 살아요.

(2) 손을 내밀어요. • • ② 힘들어하는 사람들에게 도움을 주려고 해요.

(3) 자신을 희생해요. • • ③ 어떤 사람이나 목적을 위해 내가 가진 목숨, 재산 등을 내줘요.

3. 2의 밑줄 친 표현을 사용해 글을 완성해 보세요.

최근 <감사합니다>라는 드라마가 사람들에게 큰 화제가 되고 있다. 이 드라마는 1960년대를 배경으로 하고 있는데 어린 나이에 부모가 된 남녀 주인공이 자신보다는 아이들을 위한 삶을 살면서 (1) 자신을 희생하는 모습을 보여 주었다. 이렇게 이 드라마는 부모님의 사랑을 보여 주면서 많은 사람들에게 공감과 감동을 주고 있다. 그리고 이 드라마에는 다양한 인물들이 등장하는데 이 사람들은 남녀 주인공이 힘들 때마다 도움을 주기 위해 먼저 (2) ______________ 주었다. 이 등장인물들을 통해 이 세상은 혼자 살 수 없으며 (3) ______________ 삶이 얼마나 소중한지 알려 주고 있다.

박유나 기자(youandme@ewhanews.kr)

1. 의미가 같은 문장으로 바꿔 보세요.

(1) 10년 만에 고향에 돌아왔는데 예전의 모습을 찾기 힘들었다.

⇨ 10년 만에 고향에 돌아왔는데 예전의 모습을 찾으려야 찾을 수가 없었다.

(2) 그가 다른 사람의 도움을 거절해서 이웃들이 그를 도울 방법이 없었다.

⇨ 그가 다른 사람의 도움을 거절해서 이웃들이 그를 ______________________.

(3) 그 신발을 너무 사고 싶지만 지금 매진돼서 사기 어려운 상황이다.

⇨ 그 신발을 너무 사고 싶지만 지금 매진돼서 ______________________ 상황이다.

(4) 그 아이는 항상 거짓말만 해서 사람들이 더 이상 아이의 말을 믿지 않았다.

⇨ 그 아이는 항상 거짓말만 해서 사람들이 아이의 말을 ______________________.

(5) 마라톤에서 2등을 한 선수는 1등을 한 선수가 너무 빨라서 쫓아가기가 어려웠다고 했다.

⇨ 마라톤에서 2등을 한 선수는 1등을 한 선수가 너무 빨라서 ______________________ 했다.

2. 알맞은 것을 골라 대화를 완성해 보세요.

듣다	떼다	잊다	잡다

(1) A 김 기자, 가짜 뉴스를 만든 범인은 지금 어떻게 됐습니까?

B 경찰에 따르면 범인이 해외에 있어서 잡으려야 잡을 수가 없다고 합니다.

(2) A 지금 진행자가 뭐라고 하는 거예요?

B 저도 잘 모르겠어요. 이야기를 듣고 싶은데 목소리가 너무 작아서 잘 ______________________.

(3) A 감독님, 이번에 연출하신 영화에 대해 간단히 소개 부탁드립니다.

B 사람들마다 너무 소중해서 잊히지 않는 추억이 있지 않습니까? 이 영화는 그렇게 ______________________ 추억에 대한 이야기입니다.

(4) A 이제 휴대 전화가 없는 생활을 생각하지 못하겠어요.

B 그러니까요. 일어나서 잠을 잘 때까지 계속 휴대 전화를 사용하잖아요. 이제 휴대 전화는 우리 생활과 ______________________ 존재가 된 것 같아요.

문법 ❷ V-아/어 대다

1. 그림을 보고 대화를 완성해 보세요.

(1) 

A 이게 어디서 나는 소리예요? 너무 시끄럽네요.

B 저도 모르겠어요. 요즘 계속 밤마다 누가 노래를 불러 대요.

(2) 

A 눈에 뭐가 들어간 것 같아요. 너무 가려워요.

B 그렇게 계속 눈을 ____________ 말고 흐르는 물로 눈을 씻어 보세요.

(3) 

A 진영 씨, 굉장히 피곤해 보여요. 어제 잠을 못 잤어요?

B 네. 어제 언니 집에서 잤거든요. 그런데 조카가 새벽에 계속 ____________ 한숨도 못 잤어요.

(4) 

A 이게 다 유나가 마신 거야? 유나한테 무슨 일 있어?

B 몰라. 아무 말도 안 하던데. 속상한 일이 있는지 자리에 앉자마자 계속 술을 ____________ 결국 저렇게 잠이 들었어.

2. 대화를 완성해 보세요.

A 무슨 일로 전화하셨습니까?

(1) B 관리실이죠? 윗집에 아이들이 있는지 너무 심하게 뛰어 대서요(뛰다). 윗집에 연락 좀 해 주시겠어요?

(2) B 옆집에서 강아지를 키우는데 강아지가 자꾸 ____________(짖다) 너무 시끄러워요. 아파트에 안내문을 붙여 주실 수 있을까요?

A 왜 영화를 제대로 못 봤어요?

(3) B 옆에 앉은 사람이 어찌나 다리를 ____________(떨다) 영화를 제대로 볼 수가 없었어요. 그 사람이 계속 신경 쓰였거든요.

(4) B 같이 영화를 보러 간 친구가 계속 과자를 ____________(먹다) 영화에 집중할 수가 없었어요. 저는 주변에서 소리가 나면 영화를 잘 못 보거든요.

문법 ❸ V-(으)ㄹ 뻔하다

pp.92~93

1. 그림을 보고 대화를 완성해 보세요.

(1) 

A 엘렌 씨, 우산 챙겨야죠.

B 맞다. 우산! 올리버 씨, 이야기해 줘서 고마워요. 하마터면 우산을 놓고 올 뻔했어요.

(2) 

A 루이즈 씨, 조심해요. 그러다가 떨어져요.

B 진차오 씨가 아니었으면 옆을 못 보고 바다에 ____________. 잡아 줘서 고마워요.

(3) 

A 마테오 씨, 어떻게 한라산 정상까지 갔어요? 중간에 내려오고 싶지 않았어요?

B 네. 정말 너무 힘들어서 정상까지 가는 걸 ____________ 같이 간 친구가 도와줘서 결국 정상까지 올라갔어요.

(4) 

A 안나 씨, 경주 여행은 잘했어요?

B 네. 그런데 제가 앱 지도를 잘못 보고 가는 바람에 하마터면 길을 ____________. 하지만 그곳을 지나가던 어떤 사람이 도와줘서 다행히 길을 잃지는 않았어요.

2. 알맞은 것을 골라 글을 완성해 보세요.

밟다	쏟다	지르다	넘어지다

1월 17일 금요일

오늘은 정말 학교에 오기 힘들었다. 아침에 일어나서 밖을 보니까 눈이 많이 내리고 있었다. 차가 막힐 것 같아서 평소보다 일찍 출발했다. 버스를 타러 가는데 길이 너무 미끄러워서 여러 번 (1) 넘어질 뻔했다. 겨우 버스를 탔는데 사람들은 너무 많고 버스가 계속 흔들려서 옆 사람의 발을 (2) ____________. 계속 주변 사람들을 신경 쓰다가 버스에서 내리니까 피곤해서인지 갑자기 커피를 마시고 싶었다. 그래서 커피를 사서 학교에 가고 있는데 앞에 있는 계단을 보지 못해 하마터면 들고 있던 커피를 (3) ____________. 커피에 신경 쓰느라 건물 입구에서 유리문을 제대로 보지 못해 이마를 부딪히고 말았다. 하마터면 너무 아파서 소리를 (4) ____________ 참았다. 정말 오늘같이 학교에 오기 힘든 날은 앞으로는 없었으면 좋겠다.

문법 ④ (이)야

1. 알맞은 것을 골라 대화를 완성해 보세요.

너	걱정	국내	잠깐

(1) A 진짜 너 혼자 배낭여행을 갈 수 있겠어?

B 조금 걱정이야 되지만 내가 하고 싶던 일이었으니까 꼭 해 보고 싶어.

(2) A 쇼타 씨, 오늘 모임에 올 수 있죠?

B 네. 급한 일이 생겨서 모임에 오래 있지는 못하겠지만 ______ 갈 수 있죠.

(3) A 이번 시험을 잘 볼 수 있을지 너무 걱정된다.

B ______ 평소에 열심히 공부했으니까 문제없을 거야. 그동안 공부를 안 한 내가 걱정이지.

(4) A 저, 이 체크 카드는 해외에서도 쓸 수 있어요?

B 아니요. 이 체크 카드는 ______ 쓸 수 있겠지만 해외에서는 사용하실 수 없습니다. 해외에서 쓸 수 있는 체크 카드를 원하시면 다른 걸로 신청하셔야 됩니다.

2. 알맞은 것을 골라 글을 완성해 보세요.

돈	지금	학교	1년 전

우리 딸 유나에게

유나야. 네가 혼자서 잘하고 있지만 엄마가 조금 염려가 되어서 이렇게 글을 쓴다. 아르바이트하느라 힘들지? 이제는 아르바이트를 그만두고 공부에 집중하면 좋겠다. (1) 1년 전에야 새로운 경험을 해 보고 싶다는 너의 말에 학교를 쉬고 아르바이트하는 것을 허락했지만 이제는 아르바이트보다 공부에 더 신경 쓰면 좋을 것 같아. (2) ______ 나중에라도 벌 수 있지만 공부는 그때가 아니면 하고 싶어도 할 수가 없거든. 네가 (3) ______ 공부하고 싶을 때 돌아가면 된다고 말했지만 그건 아닌 것 같아. 지금은 공부하면서 네 미래에 대해서 조금 더 고민해 보면 좋겠어. (4) ______ 내 말을 이해하기 좀 힘들 수도 있겠지만 시간이 지나면 무슨 뜻인지 너도 이해할 수 있을 거야. 내가 이런 말을 해서 좀 속상하지? 하지만 누구보다 난 네 편이야. 무슨 일이 있으면 언제든지 이야기하고.

엄마가

⊕ 더 알아보기 -거리다

p.91

1. 그림을 보고 대화를 완성해 보세요.

(1) 

A 시골에 오니까 서울에서보다 별이 잘 보이네요.

B 그렇죠? 여기에서 보니까 별이 더 __반짝거리는__ 것 같아요.

(2) 

A 이게 무슨 소리예요?

B 윗집에서 나는 소리예요. 매일 ____________ 소리 때문에 정말 힘들어요.

(3) 

A 왜 그렇게 주변을 ____________ 있어?

B 조슈아가 먼저 도착했다고 연락이 왔거든. 그래서 조슈아가 어디 있는지 찾으려고.

(4) 

A 안나 씨, 아직 점심 안 먹었어요?

B 네. 숙제하느라고 아직 안 먹었는데 자꾸 배에서 ____________ 소리가 나네요.

종합 연습

1. 알맞은 것을 골라 글을 완성해 보세요.

(이)야	-(으)려야	-아/어 대다	-(으)ㄹ 뻔하다

고민 상담 게시판> 도대체 왜 이러는지 이해 못 하겠어요. 작성자 ewlove 조회 106

안녕하세요? 저에게는 친하게 지내는 같은 학교 남자 후배가 있는데요. 요즘 얘가 저에게 왜 이러는지 몰라서 이렇게 글을 씁니다. 두 달 전부터 얘가 저만 보면 자꾸 (1) __놀려 대서__ (놀리다) 화가 납니다. 처음에는 놀려도 그냥 넘어갔는데 점점 더 말이 심해져서 얼마 전에는 화를 (2) ____________ (참다). 그래서 결국 그 아이에게 화를 내 버렸습니다. 도대체 저에게 왜 이러는 거냐고 그 아이에게 물었지만 그 아이는 아무 대답도 없이 그냥 웃기만 했습니다. 그 상황이 짜증 나서 하마터면 크게 (3) ____________ (싸우다). 아무리 생각해도 얘가 저에게 왜 이러는지 정말 모르겠습니다. 물론 (4) ____________ (가끔) 그럴 수도 있겠지만 요즘은 왜 저를 볼 때마다 놀리는지 정말 모르겠습니다. 정말 얘는 왜 이러는 걸까요?

ㄴ love82 제가 봤을 때 그 남자 후배가 ewlove 님을 좋아하는 것 같아요. 그분에게 직접 물어보세요.

듣고 쓰기

1. 쇼타와 유나의 대화예요. 듣고 물음에 답해 보세요.

7

(1) 들은 내용으로 알맞은 것을 골라 보세요.

① 유나의 앞집에 사는 사람은 처음부터 쓰레기를 문 앞에 두었어요.

② 쇼타는 유나에게 앞집 사람이 읽을 수 있게 메모를 쓰라고 했어요.

③ 유나는 앞집 사람이 자신의 잘못을 인정하고 사과하기를 바라고 있어요.

(2) 다시 듣고 앞집에 보내는 메모를 써 보세요.

305호에 사는 분께

안녕하세요? 저는 앞집에 살고 있는 사람입니다. 다름이 아니라 몇 가지 부탁드리고 싶은 것이 있어서 이렇게 메모를 남깁니다. 문밖에서 조금만 조용히 해 주셨으면 좋겠습니다. 계속 문밖에서 ① ________________ 잠을 자기가 어렵습니다. 그리고 문 앞에 개인 짐을 두지 않으셨으면 좋겠습니다. 집 밖으로 나가기가 불편할 뿐만 아니라 보기에도 좋지 않은 것 같습니다. 제가 참아 보려고 했지만 도저히 ② ________________ 이렇게 메모를 썼습니다.

— 앞집 사람

2. 엘렌과 마테오의 대화예요. 듣고 물음에 답해 보세요.

8

(1) 들은 내용으로 알맞은 것을 골라 보세요.

① 택시 기사는 할아버지가 말한 목적지로 갔다가 병원으로 갔어요.

② 택시 기사는 할아버지의 병원비를 내고 조용히 병원에서 나왔어요.

③ 할아버지는 택시 기사를 직접 찾았고 택시 기사에게 감사 인사를 했어요.

(2) 다시 듣고 들은 내용을 써 보세요.

엘렌과 마테오가 뉴스에 난 택시 기사에 대한 이야기를 하고 있다. 한 택시에 할아버지가 탔는데 할아버지가 편찮아 보이셔서 택시 기사는 할아버지를 계속 보고 있었다. 택시 기사가 걱정돼서 할아버지께 어디 편찮으시냐고 물었지만 할아버지는 괜찮다고 하셨다. 할아버지가 금방 쓰러질 것 같아서 택시 기사는 ① ________________. 의사는 할아버지가 병원에 조금만 늦게 오셨으면 ② ________________. 할아버지는 자신을 도와준 택시 기사를 만나고 싶은데 ③ ________________ 경찰서로 갔다. 엘렌은 이 뉴스를 보고 마음이 따뜻해졌다.

말하기

1. 다음을 읽고 ⓐ, ⓑ에 들어갈 말로 알맞은 것을 골라 보세요.

여러분은 살면서 다른 사람들을 도운 적이 있습니까? 모두 그런 경험이 있을 텐데요. 오늘은 저희 팀의 마테오가 경험한 것에 대해 발표하려고 합니다. 하루는 마테오가 엘렌과 함께 자전거를 타러 갔는데 엘렌이 자전거를 타다가 넘어졌습니다. 엘렌은 다리를 다쳐서 혼자서 ___ⓐ___. 그래서 마테오는 엘렌을 데리고 빨리 병원에 갔습니다. 그리고 치료받은 엘렌을 ___ⓑ___. 엘렌은 힘들게 집에 갈 뻔했는데 마테오 덕분에 빠르게 치료도 받고 편하게 집에 왔다고 마테오에게 감사 인사를 했습니다. 그 후 마테오는 한 달 동안 엘렌의 가방도 들어주고 엘렌이 힘들 때마다 도와줬습니다. 마테오는 엘렌을 도와서 참 뿌듯했습니다. 지금까지 저희 팀의 발표였습니다. 감사합니다.

① ⓐ 걸으려야 걸을 수가 없었습니다 ⓑ 집까지 데려다주었습니다

② ⓐ 대답하려야 대답할 수가 없었습니다 ⓑ 도와 집으로 같이 갔습니다

③ ⓐ 움직이려야 움직일 수가 없었습니다 ⓑ 병원에 두고 먼저 집으로 출발했습니다

2. 다음 물음에 답해 보세요.

(1) 상황에 대한 자세한 설명을 요청하는 말로 알맞은 것을 골라 보세요. 말하기 기능

A ______________________________?

B 아이들에게 영어를 가르치는 봉사 활동을 하는데 사람이 부족해서 지금 사람을 찾고 있거든요.

① 저도 그 일을 같이하고 싶은데 해도 괜찮아요

② 같이 봉사할 사람이 필요하다는 말이 무슨 뜻이에요

③ 그 일을 다른 사람과 같이하면 더 빨리할 수 있지 않을까요

(2) 잘할 수 있다고 강조하는 말로 알맞은 것을 골라 보세요. 말하기 기능

A 제가 고등학생 때 댄스 동아리에서 3년 정도 춤을 췄었어요.

B ______________________________.

① 아주 오랫동안 연습해야 춤 실력을 기를 수 있을 거예요

② 이 춤을 추려면 시간이 많이 필요할 테니까 오늘부터 바로 연습하세요

③ 이 춤은 어렵지 않아서 그 실력이면 조금만 연습해도 금방 잘할 것 같아요

(3) 동아리에서 봉사 활동에 재능 기부를 할 사람을 찾고 있어요. 친구에게 재능을 발휘해 잘할 수 있다고 강조하면서 재능 기부를 권유하는 대화를 완성해 보세요. 그리고 말해 보세요.

벽화를 그릴 사람을 찾고 있다는 이야기를 듣고 대학교 때 그림을 전공했다고 말하세요. 그리고 재능을 기부하겠다고 이야기하세요.

안나에게 벽화 그리는 활동에 참여를 권유하고 잘할 수 있다고 강조해서 말하세요. 또 벽화를 그린 후에 다른 활동도 한다고 말하세요.

1

뭐 하는지 답하기

벽화 | 같이 그릴 사람 | 찾는 글 | 쓰다

안나 상우 씨, 지금 뭐 해요?

상우 안나 씨, 지금 인터넷에 ① ________________________________?

2

상황에 대한 자세한 설명 요청하기

무슨 일 | 벽화 | 그릴 사람 | 필요하다

안나 ② ________________________________?

상우 저희 동아리에서는 재능을 기부해서 벽화를 그리는 일을 하거든요. 그런데 이번에 더 많은 사람이 필요해서 같이할 사람을 찾고 있어요.

3

친구에게 잘할 수 있다고 강조해서 말하기

안나 씨 실력이다 + 우리 | 그리는 그림쯤 | 쉽게 그리다

안나 벽화요? 제가 대학교 때 그림을 전공했는데…….

상우 잘됐네요. 그럼 이번에 같이 하면 어때요?

③ ________________________________.

4

벽화를 그린 후의 활동 말하기

도움 | 필요한 집 | 가다 + 일 | 도와주다

안나 좋아요. 재능을 기부할 수 있다고 하니 벌써부터 뿌듯해요.

상우 고마워요. 그리고 벽화를 그린 후에는 ④ ________________________________.

안나 그래요? 알겠어요. 그림 연습을 열심히 해 둬야겠어요.

읽고 쓰기

1. 다음을 읽고 물음에 답해 보세요.

"제가 받은 사랑을 다시 돌려주고 싶어요."

자신이 결심한 일을 실천하기란 쉽지 않다. 하지만 이 생각을 행동으로 옮기는 사람이 있다. 바로 그 사람, 배우 나승환을 만나 봤다.

기자 요즘에는 기부 천사로 더 유명하신데요. 어떻게 기부를 시작하게 됐습니까?

나승환 ㉠ 결혼식 다음 날 아내가 저에게 연예인으로 많은 사랑을 받았으니까 그 사랑을 다시 사람들에게 돌려주는 게 어떠냐고 했습니다. 저는 그 말에 기쁘게 동의했고 그날부터 하루에 만 원씩, 1년 동안 365만 원을 모았습니다. 그리고 그 돈을 무료 급식 봉사 단체에 기부하고 직접 급식 봉사 활동도 했습니다.

기자 그렇군요. 그 이후에 생활이 어려운 다른 나라의 아이들을 돕는 활동도 하셨죠?

나승환 ㉡ 세 명의 아이를 돕기 시작했는데 그때 도움을 준 한 아이에게서 감사 편지를 받았고 저는 그 편지에 큰 감동을 받았습니다. 저희가 그때 집을 사려고 했는데요. 제가 저희 두 사람이야 지금 생활도 문제없으니 집을 사려고 모아 둔 돈을 기부하자고 했습니다. 이렇게 해서 소외된 아이들이 조금이라도 편하게 생활할 수 있게 돕기 시작한 거죠. (ⓐ)

기자 그리고 요즘 기부 마라톤을 하신다고 들었는데 어떤 활동인지 좀 말씀해 주세요.

나승환 ㉢ 기부 마라톤은 사람들이 낸 마라톤 참가비로 어려운 이웃을 돕는 행사인데요. (ⓑ) 이들이 보다 편하게 생활할 수 있도록 필요한 음식이나 물건 등을 제공하고 있습니다. (ⓒ)

자신이 하는 일을 통해 새로운 변화가 생기는 것이 좋다고 말한 나승환. 인터뷰 내내 밝은 미소를 보여 준 그의 모습에서 이웃을 향한 따뜻한 마음을 느낄 수 있었다.

박유주 기자(youandme@ewhanews.kr)

(1) ㉠, ㉡, ㉢을 읽고 추측한 내용을 찾아 연결해 보세요. 읽기 전략

① ㉠ • • 기부 마라톤을 통해 모은 돈을 어떻게 사용하는지에 대해 말할 거야.

② ㉡ • • 편지를 읽은 후에 아이들을 위해 어떤 도움을 줬는지에 대한 사연이 나올 거야.

③ ㉢ • • 처음에 어떤 방식으로 기부를 했고 사람들을 위해 어떤 활동을 했는지에 대한 이야기가 나올 거야.

2. 다시 읽고 물음에 답해 보세요.

(1) 다음 문장이 들어갈 곳으로 알맞은 것을 골라 보세요.

참가비를 모은 돈으로 형편이 어려운 사람들을 돕고 있습니다.

① ⓐ ② ⓑ ③ ⓒ

(2) 배우 나승환에 대한 내용으로 알맞은 것을 골라 보세요.

① 결혼식 전에 아내와 함께 기부하기로 마음을 먹었다.
② 무료 급식 단체를 돕기로 하고 하루에 만 원씩 돈을 보냈다.
③ 자신이 도움을 준 아이에게서 편지를 받은 후에 크게 감동했다.

(3) 기자가 나승환에 대해 느낀 점으로 맞지 않는 것을 골라 보세요.

① 자신이 결심한 일을 실천하는 사람이라고 느꼈다.
② 사회의 새로운 변화를 만드는 사람이라고 생각했다.
③ 이웃을 향한 따뜻한 마음을 가진 사람이라는 느낌을 받았다.

3. 1을 바탕으로 글을 써 보세요.

자신이 받은 사랑을 다시 돌려주는 사람, 나승환

인물 소개

아무리 쉬운 일이라도 그것을 직접 매일 실천하기란 쉽지 않다. 하지만 이 생각을 행동으로 옮기는 사람이 있다. 그 사람은 바로 배우 나승환이다. 나승환은 1994년 배우로 활동을 시작했고 대중들에게 많은 사랑을 받았다. 그리고 2004년에 결혼했다.

이웃들을 위해 한 구체적인 활동

결혼식 다음 날 아내는 나승환에게 지금까지 받은 사랑을 사람들에게 돌려주는 게 어떠냐고 했고 그날부터 하루에 만 원씩 1년 동안 365만 원의 돈을 모았다.

2006년부터는 아이들을 돕는 활동을 했다. 이때 도움을 준 한 아이에게 감사 편지를 받았는데 그 편지에 감동을 받았다고 한다.

그리고 기부 마라톤도 하고 있다. 기부 마라톤은 사람들이 낸 마라톤 참가비로 어려운 이웃을 돕는 행사이다.

그 인물에 대한 평가

자신이 하는 일을 통해 새로운 변화가 생기는 것이 좋다고 말한 나승환, 그의 이런 착한 마음과 이웃을 향한 사랑이 많은 사람들에게 감동을 주고 있다.

11 단원 고민과 후회

어휘와 표현 ❶ 고민

p.108

1. 밑줄 친 부분은 주요 어휘와 표현이에요. 관계있는 것을 골라 써 보세요.

(1) 결정을 망설여요. ②
(2) 입장이 난처해요. ____
(3) 한참 머뭇거려요. ____
(4) 고민거리가 늘어요. ____

① "친구가 좋아하는 사람이 저를 좋아한대요. 어떡해요?"
② "옆 동네로 이사할까 하는데 갈지 말지 못 정하고 있어요."
③ "교수님이 어려운 질문하시면 바로 답하지 못하고 오랫동안 생각해요."
④ "사업을 하는데 경영과 관련해서 생각해야 하는 것들이 점점 많아져요."

2. 1의 밑줄 친 표현을 사용해 글을 완성해 보세요.

Q. 신입 사원인데요. 요즘 업무, 대인 관계 등에 대한 (1) 고민거리가 늘어서 힘듭니다.

A. 일단 일이 익숙하지 않아 선택을 할 때마다 (2) ____________ 될 텐데 그럴 때는 바로 직장 선배에게 물어보세요. 어떻게 도움을 요청할지 생각하느라 바로 말을 꺼내지 못하고 (3) ____________ 사람도 있지만 모르면 물어봐야 합니다. 선배마다 의견이 다르면 누구의 말대로 할지 중간에서 (4) ____________ 수도 있는데 그럴 때는 여러 사람의 의견을 충분히 듣고 판단하는 게 좋습니다.

3. 알맞은 것을 골라 대화를 완성해 보세요.

사이가 서먹하다	업무가 부담되다	장래가 불투명하다	마음의 벽이 생기다

지난주에 룸메이트와 크게 싸웠다면서? 화해했어?

아니. 화해를 못 해서 룸메이트하고 아직도 (1) 사이가 서먹해. 서로 말도 안 하니까 이제는 (2) ____________ 것 같아.

학원에서 아이들에게 영어를 가르치는 일은 어때요?

재미있지만 수업 말고도 할 일이 많아서 (3) ____________. 그리고 학습 방법이 다양해져서인지 학생 수가 줄고 있어요. 그래서 제가 앞으로 이 일을 계속할 수 있을지 (4) ____________.

1. 알맞은 것을 골라 대화를 완성해 보세요.

미련이 남다	시간을 되돌리다	실수를 저지르다

(1) A 대학원에 지원했다면서요? 회사를 그만두고 대학원에 가려고요?

B 네. 졸업 후에 계속 공부하고 싶었는데 못 했거든요. 그래서 아직 공부에 미련이 남아서 대학원에 가려고요.

(2) A 올리버 씨, 무슨 일 있어요? 우울해 보여요.

B 오늘 오전에 거래처에 서류를 잘못 보내서 문제가 생겼어요. 지금도 아까 ______________ 게 생각나서 기분이 안 좋아요.

(3) A 저는 어렸을 때 올림픽을 보고 운동선수가 되고 싶었어요. 마테오 씨는요?

B 저도 야구 선수가 되고 싶었지만 중학생이 되면서 그만두었어요. 만약 중학생 때로 ______________ 수 있다면 야구를 계속 해 보고 싶어요.

2. 밑줄 친 부분은 주요 어휘와 표현이에요. 관계있는 것을 연결해 보세요.

(1) 쓰레기통을 찾지 못해 길에 그냥 쓰레기를 버린 게 • • ① 고집을 부려요.

(2) 김 대리는 회의 때 다른 사람의 의견을 잘 듣지 않고 • • ② 양심에 걸려요.

(3) 남자 친구와 헤어지고 나서 내가 남자 친구를 얼마나 좋아했는지 • • ③ 뒤늦게 깨달았어요.

3. 2의 밑줄 친 표현을 사용해 글을 완성해 보세요.

위칭　진차오, 넌 어렸을 때 부모님 말씀을 잘 들었어?

진차오　아니. 부모님 말씀을 잘 안 들어서 부모님을 많이 속상하게 해 드렸어. 내가 하고 싶은 게 있으면 부모님이 안 된다고 하셔도 끝까지 하겠다고 (1) 고집을 부렸어.

위칭　나도 그랬어. 난 중학생 때 부모님이 학원비로 주신 돈을 노는 데 다 써 버리기도 했어. 그런데 (2) ______________ 부모님께 말씀드린 적도 있어.

진차오　진짜? 네가 어렸을 때 그랬다니 의외네.

위칭　나이가 드니까 내가 부모님을 얼마나 속상하게 해 드렸는지 (3) ______________ 되는 것 같아. 그래서 부모님 말씀을 잘 들으려고 노력하고 있어.

문법 ❶ V-는 통에

pp.109~110

1. 알맞은 것을 골라 대화를 완성해 보세요.

찾다	외치다	서두르다	따라오다

(1) A 왜 이렇게 땀을 흘려요? 뛰어왔어요?

B 네. 길에서 주인이 없는 개가 으르렁거리면서 따라오는 통에 무서워서 뛰어왔어요.

(2) A 휴대 전화를 집에 놓고 왔어?

B 그런 것 같아. 늦잠을 자서 지각하지 않으려고 ________________ 깜박하고 집에 놓고 왔나 봐.

(3) A 여행 갔을 때 시장에도 갔어요?

B 네. 구경하러 갔었어요. 그런데 여기저기서 서로 자기 가게에 오라고 ________________ 정신이 없어서 빨리 나왔어요.

(4) A 유나야, 방이 왜 이래? 방 정리 좀 해.

B 엄마, 아까 유미가 그런 거예요. 지갑을 잃어버렸다고 정신없이 방을 뒤지며 지갑을 ________________ 이렇게 됐어요.

2. 알맞은 것을 골라 대화를 글을 완성해 보세요.

밀다	드나들다	쏟아지다	이야기하다

10월 20일 금요일

오늘은 내가 기대하던 영화 <행복>의 개봉 날이다. 일주일 전에 표를 예매해 놓고 시간 맞춰 영화관에 도착했다. 영화가 시작되기 전까지는 기분이 정말 좋았다. 그런데 옆자리에 앉은 사람 때문에 영화를 제대로 볼 수 없었다. 영화가 시작되고 얼마 뒤에 그 사람이 같이 온 사람과 영화 내용에 대해 (1) 이야기하는 통에 영화를 보는 데 방해가 됐다. 조금 뒤에는 화장실에 가는지 세 번 정도 내 앞으로 (2) ________________ 집중할 수 없었다. 게다가 그 사람이 마지막으로 자리에 돌아왔을 때 내 앞을 지나가며 나를 (3) ________________ 손에 들고 있던 커피를 떨어뜨렸다. 그때 커피가 모두 (4) ________________ 옷과 신발이 젖어 버렸다. 그래서 영화를 다 보지 못하고 영화관에서 나와야 했다. 그 사람이 나를 따라와서 미안하다고 했지만 기분이 정말 나빴고 화가 풀리지 않았다.

V-았/었더니

pp.111~112

1. 그림을 보고 대화를 완성해 보세요.

(1)

A 콜라를 세 병이나 샀어요?

B 아니요. 편의점에서 두 병을 샀더니 한 병을 더 줬어요.

(2)

A 상우야, 노트북 수리했어?

B 아직. 방금 서비스 센터에 ________ 바로 수리할 수 있다고 해서 지금 가 보려고.

(3)

A 마테오, 어제 파티는 재미있었어?

B 응. 내가 멕시코 전통 요리를 ________ 친구들이 맛있다고 칭찬해 줘서 기분 좋았어.

(4)

A 진영아, 엄마가 보낸 택배 받았어?

B 네, 엄마. 아침에 학교에 가려고 문을 ________ 문 앞에 택배 상자가 도착해 있었어요.

2. 관계있는 것을 연결하고 대화를 완성해 보세요.

(1) 조슈아가 올리버의 이름을 부르다 • ------- • ① 올리버가 뒤를 돌아봤다

(2) 대학생을 대상으로 설문 조사를 하다 • • ② 정보가 생각보다 많지 않았다

(3) 동생이 인터넷으로 유학 정보를 찾다 • • ③ 남자 주인공이 눈물을 흘리기 시작했다

(4) 드라마에서 여자 주인공이 헤어지자고 말하다 • • ④ 대학생들이 진로를 가장 고민하는 것으로 나타났다

(1) 조슈아가 올리버의 이름을 불렀더니 올리버가 뒤를 돌아봤다.

(2) 대학생을 대상으로 설문 조사를 ________________.

(3) 동생이 인터넷으로 유학 정보를 ________________.

(4) 드라마에서 여자 주인공이 헤어지자고 ________________.

문법 ❸ A/V-고도

pp.114~115

1. 알맞은 것을 골라 대화를 완성해 보세요.

멀다	가깝다	슬프다	구체적이다

(1) A 김 기자, 어젯밤에 층간 소음 문제로 이웃집에 화재를 낸 사건이 일어났다면서요?

B 네. 다행히 큰 피해가 없었지만 이웃들은 가깝고도 먼 사이가 되어 버렸습니다.

(2) A 김영하 작가의 이번 소설은 어떤 내용입니까?

B 가족 이야기인데요. 특히 할머니의 죽음을 대하는 가족의 모습을 ____________ 아름답게 표현해서 독자들에게 눈물과 감동을 준다고 합니다.

(3) A 우주여행이 가능해졌다는 게 사실입니까?

B 맞습니다. 과거에 우주여행은 ____________ 먼 미래에 가능할 거라고 예상했지만 이제 우주로 여행을 떠날 수 있게 되었습니다.

(4) A 이번에 정부가 발표한 물가 안정 방법이 효과가 있을 것이라고 보십니까?

B 어느 정도는 효과가 있을 것 같습니다. 그렇지만 확실한 효과를 거두려면 지금보다 더 ____________ 효율적인 방법을 마련해야 할 것 같습니다.

2. 의미가 같은 문장으로 바꿔 보세요.

(1) 보통 식사 후에는 배가 안 고프다. 그런데 오늘은 저녁을 먹었지만 배가 고프다.

⇨ 오늘은 저녁을 먹고도 배가 고프다.

(2) 흔히 돈으로 뭐든지 살 수 있다고 한다. 하지만 사랑, 우정 등은 돈을 줘도 살 수 없다.

⇨ 사랑, 우정 등은 돈을 ____________.

(3) 대부분은 퇴근 전까지 일을 끝낸다. 그렇지만 어제는 쉬지 않고 일했는데 일을 끝내지 못했다.

⇨ 어제는 쉬지 않고 ____________.

(4) 옛날에는 직접 여행을 가지 않으면 다른 나라를 구경할 수 없었다. 그러나 요즘은 직접 여행을 가지 않아도 소셜 미디어로 다른 나라의 모습을 볼 수 있다.

⇨ 요즘은 직접 여행을 ____________.

문법 ④ V-(으)ㄹ걸(후회)

pp.121~p.122

1. 그림을 보고 대화를 완성해 보세요.

(1) 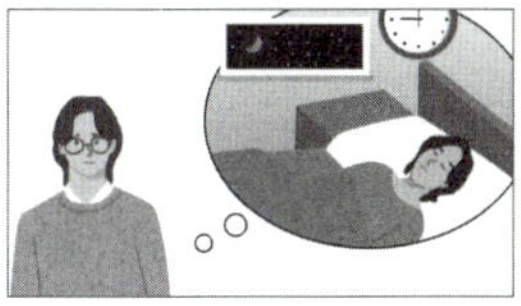

A 무슨 일 있어? 피곤해 보여.

B 어젯밤에 축구 경기를 보느라 늦게 잤어. 재미없었는데 그냥 일찍 잘걸.

(2) 

A 햇빛이 뜨거운데 모자 안 가져왔어?

B 응. 필요 없을 것 같아서 안 챙겼어. 아침에 등산 가방에 선크림을 넣을 때 모자도 같이 ______________.

(3) 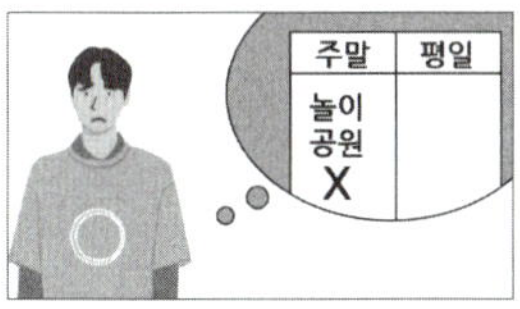

A 놀이공원은 재미있었어?

B 토요일에 갔더니 사람이 너무 많아서 기다리느라 힘들었어. 주말에 ______________.

(4) 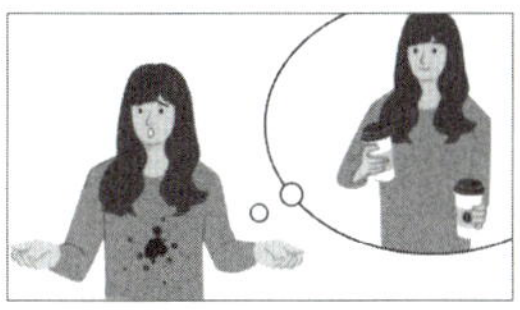

A 어! 컵이 떨어졌네. 괜찮아?

B 응. 괜찮아. 컵 두 개를 한 손에 들었더니 무거워서 떨어뜨렸어. 한 손에 하나씩 ______________.

2. 대화를 완성해 보세요.

A 지금까지 살면서 가장 후회되는 것이 무엇입니까?

(1) B 그동안 식사를 대충 해서 건강이 안 좋아졌습니다. 바빠도 끼니를 잘 챙겨 먹을 걸 그랬습니다. (먹다)

(2) B 힘들 때 이야기를 나눌 친구가 없습니다. 마음을 터놓을 수 있는 진정한 친구를 ______________. (사귀다)

(3) B 저는 60대인데 젊을 때 돈을 낭비한 게 후회됩니다. 젊었을 때부터 돈을 아끼고 ______________. (모으다)

(4) B 지난달에 어머니가 돌아가셨습니다. 어머니께서 살아 계실 때 어머니의 말씀을 잘 ______________(듣다) 생각이 듭니다.

(5) B 학생이었을 때 게임을 많이 하고 책을 안 읽었습니다. 상식이 부족할 때마다 책을 많이 ______________(읽다) 후회하고 있습니다.

⊕ 더 알아보기　A/V-(으)ㄹ걸(추측)

p.127

1. 다음을 읽고 알맞은 것을 골라 대화를 완성해 보세요.

가다	맛있다	취소되다	학생이다

(1) A 저 식당 음식이 맛있을까? 식당 앞에 항상 손님이 많네.

B 유명한 요리사가 운영하는 식당이라고 하니까 맛있을걸______.

(2) A 비가 오는데 오늘 야구 경기를 할까?

B 지금은 비가 거의 안 오지만 많이 오면 ____________.

(3) A 요즘 위칭이 왜 안 보이지? 위칭한테 무슨 일 있나?

B 지난번에 나한테 고향에 다녀온다고 했어. 아마 고향에 ____________.

(4) A 올리버의 동생도 회사에 다닌대?

B 글쎄. 작년에 동생이 대학원에 입학했다고 했으니까 아직 ____________.

종합 연습

1. 알맞은 것을 골라 글을 완성해 보세요.

-고도	-는 통에	-(으)ㄹ걸	-았/었더니

@수민 엄마　1시간 전

5살 아이 엄마입니다. 오늘도 오은성 교수님의 육아 방송을 보고 많이 반성했습니다. 아이가 잘못했을 때 혼내지 않고 아이에게 바른 행동을 가르칠 수 있다는 걸 몰랐습니다. 저희 아이는 원하는 게 있으면 제가 안 된다고 말하는 것을 (1) 듣고도______(듣다) 못 들은 것처럼 행동합니다. 그렇게 계속 자기가 원하는 걸 해 달라고 (2) ____________(조르다) 제가 많이 힘들었습니다. 그래서 보통 아이의 요구를 금방 들어주거나 크게 혼냈습니다. 방송을 보고 나서 저도 오은성 교수님처럼 아이에게 그런 행동을 하면 안 되는 이유를 (3) ____________(설명하다) 아이가 차분해졌습니다. 문제 행동에 대해 감정적으로 반응하지 말고 빨리 이런 교육 방법을 (4) ____________(찾아보다) 하는 생각이 들었습니다.

듣고 쓰기

1. 엘렌과 쇼타의 대화예요. 듣고 물음에 답해 보세요. 9

(1) 쇼타에 대해 들은 내용으로 알맞은 것을 골라 보세요.

① 지난 학기에 진로를 결정하고 계획도 세웠어요.

② 부모님의 생각과 다른 진로를 계획하고 있어요.

③ 나이가 들면 대기업에 취직해서 일하려고 해요.

(2) 다시 듣고 엘렌의 일기를 써 보세요.

5월 5일 월요일

요즘 진로에 대한 고민이 생겼다. 영국에서 막 한국에 왔을 때는 바로 처리해야 하는 ① ______________ 생각할 여유가 없었는데 지금은 시간이 많아졌다. 사실 나는 영국에 돌아가자마자 액세서리 회사를 차릴 생각이었지만 바로 사업을 시작하지 않고 회사에 취직하는 것도 좋을 것 같다. 내가 귀국 후에 바로 ② ______________ 친구들이 먼저 회사에 취직해서 일해 보는 게 어떠냐고 조언해 줬기 때문이다. 회사에서 일하면 회사 운영에 필요한 것들을 더 잘 배울 수 있을 것 같다. 나중에 후회하지 않도록 신중하게 생각하고 진로를 정해야겠다.

2. 상우와 진차오의 대화예요. 듣고 물음에 답해 보세요. 10

(1) 얼마 전에 상우가 상우의 여자 친구에게 한 행동으로 알맞은 것을 골라 보세요.

①

②

③

(2) 다시 듣고 들은 내용을 써 보세요.

진차오는 어제 여자 친구와 싸우고 아직 화해하지 않았다. 여자 친구가 기분 나쁜 일이 있었다고 진차오에게 말했는데 진차오가 여자 친구의 행동에도 잘못이 있다고 했다. 진차오가 그렇게 ① ______________ 여자 친구가 화를 내서 다퉜다. 그렇지만 여자 친구의 행동을 지적하지 말고 그냥 들어 줬으면 좋았을 것이다. 진차오도 이야기만 잘 들어 줬으면 ② ______________ 그냥 넘어갈 수 있었을 거라고 후회했다. 진차오도 상우의 조언처럼 이제 다른 사람이 하는 말을 ③ ______________ 습관을 기르기로 했다.

1. 다음을 읽고 ⓐ, ⓑ에 들어갈 말로 알맞은 것을 골라 보세요.

안녕하세요? 대인 관계를 원만하게 하기 위한 방법에 대해 발표하겠습니다. 사람들과 원만하게 지내기 위해서는 상대방의 ___ⓐ___. 그렇게 하면 상대방에 대한 관심을 보여 주면서 긍정적으로 소통할 수 있습니다. 상대방에게 좋은 면이 있다는 걸 알고도 그걸 말로 표현하지 않으면 상대방에게 자기 마음을 전할 수 없습니다. 그러므로 상대방의 장점과 노력에 대해 구체적으로 칭찬하는 게 좋습니다. 예를 들면 함께 한국어를 배우고 있는 친구에게 "글씨가 예쁘네요.", "___ⓑ___."라고 칭찬할 수 있습니다. 꾸준한 칭찬을 통해 서로를 이해하고 존중할 수 있습니다. 그리고 갈등도 해결할 수 있습니다. 이제 발표를 마무리하겠습니다. 고맙습니다.

① ⓐ 좋은 면을 보고 칭찬하는 것이 좋습니다 ⓑ 발표 준비가 더 필요하겠네요

② ⓐ 장점이나 잘한 것을 말해 주는 게 좋습니다 ⓑ 발표 준비에 최선을 다했네요

③ ⓐ 좋은 모습을 궁금해하며 질문하는 게 좋습니다 ⓑ 발표를 정말 열심히 준비했네요

2. 다음 물음에 답해 보세요.

(1) 대회 결과에 대한 속상함을 표현하는 말로 알맞은 것을 골라 보세요. 말하기 기능

A 그런 실수를 하다니 정말 당황했겠네.
B ____________________.

① 그러니까. 준비한 만큼의 결과가 나와서 실망하지는 않았어

② 맞아. 열심히 준비하고도 망쳐 버려서 어쩔 수 없는 것 같아

③ 응. 대회를 열심히 준비했는데 망쳐 버려서 진짜 기분이 안 좋아

(2) 대회에서 침착하게 하지 못한 것을 후회하는 말로 알맞은 것을 골라 보세요. 말하기 기능

A 너도 예상 못 한 일이니까 너무 속상해하지 말고 잊어버려.
B ____________________.

① 알겠어. 그렇지만 당황하지 않고 침착하게 하는 게 좋을 거야

② 그래. 그런데 당황해서 침착하게 하지 못한 건 정말 후회가 돼

③ 응. 그래도 앞으로는 당황하지 말고 침착하게 해야겠다고 마음먹었어

(3) 대회 결과에 대한 속상함을 말하고 대회에서 침착하게 하지 못한 것을 후회하는 대화를 완성해 보세요. 그리고 말해 보세요.

진차오에게 케이팝 노래 대회에서 잘하지 못한 이유를 물어 보세요. 그리고 대회에서 실수를 저질러서 아쉬워하는 진차오를 위로하고 격려해 주세요.

케이팝 노래 대회가 있어서 열심히 준비했지만 대회를 촬영하는 카메라를 본 순간 가사를 잊어버렸어요. 대회 결과에 대한 속상함을 말하고, 대회에서 침착하게 하지 못한 것을 후회하세요.

1 **노래 대회에 대한 후회 말하기**

나 | 대회 | 열심히 준비하다 + 실수 | 하다 + 미련 | 남다 + 후회 | 되다

루이즈 진차오, 케이팝 노래 대회에 나갔다면서? 꽤 유명한 대회던데 잘했어?

진차오 아니. 망쳤어. 다른 참가자들이 정말 잘하던데. ① ________________________________.

2 **노래 대회에서 잘하지 못한 이유 말하기**

노래 | 부르다 + 대회 | 촬영하는 카메라 | 본 순간 가사 | 잊어버리다

루이즈 대회에서 노래를 부를 때 뭐가 잘 안됐어?

진차오 대회에 나가기 전에 연습을 많이 해서 자신 있었어. 그런데 ② ________________________________.

3 **대회 결과에 대한 속상함 말하기**

준비 | 열심히 하다 + 결과 | 안 좋다 + 정말 속상하다

루이즈 그런 실수를 하다니 정말 당황했겠네. 그래서 어떻게 했어?

진차오 가사가 바로 생각나기는 했는데 그때부터 계속 실수를 저질러서 결국 노래를 제대로 부르지 못했어. ③ ________________________________.

4 **대회에서 침착하게 하지 못한 것 후회하기**

당황하다 × + 침착하게 부르다 + 하는 생각 | 들다 + 정말 아쉽다

루이즈 너도 생각 못 한 일이니까 속상해하지 말고 잊어버려. 다음에는 실력을 발휘할 수 있을 거야.

진차오 응. 그래도 ④ ________________________________.

읽고 쓰기

1. 다음을 읽고 물음에 답해 보세요.

〈사원들의 이야기〉 이달의 우수 사원 소감

저는 호주에서 온 올리버 존스입니다. 입사한 지 3년이 됐고 기술개발부에서 일하고 있습니다. 이번 신제품 개발에 성공하고 나서 뿌듯함을 느끼기는 했지만 그 성공 덕분에 제가 이달의 우수 사원으로 뽑힐 거라고는 상상도 못 했습니다. 정말 놀랐고 기쁩니다.

이 기쁜 순간에 제일 먼저 떠오르는 건 바로 3년 전 제가 한국에 온 날입니다. 사실 저는 취직했다는 기쁨과 설렘이 커서 별 준비 없이 한국에 왔습니다. 그렇지만 막상 일을 시작해 보니 너무 힘들었습니다. 한국어도 서툴고 문화도 낯설어서 다른 신입 사원들보다 더 고생했습니다. 그래서 외국에서 일하지 말걸 하고 후회했고 고향으로 돌아갈까 수없이 고민했습니다.

하지만 제가 선택한 일을 이렇게 포기할 수 없다는 생각이 들었습니다. 그래서 최선을 다해 보기로 마음먹었습니다. 한국어 실력을 키우기 위해 한국어도 배우기 시작했습니다. 회사의 선배들과 동료들도 저를 많이 도와줬습니다. 점점 한국 생활에도, 회사 생활에도 적응이 됐습니다. 그리고 개발 업무에서도 좋은 결과를 거두기 시작했습니다.

되돌아보니 그때 포기하지 않고 노력하길 잘했다는 생각이 듭니다. 잘될 거라는 보장이 없어서 사실은 많이 불안했지만 제가 스스로 결정한 일을 후회로 남기고 싶지 않았습니다. 앞으로도 지금과 같은 마음으로 계속 열심히 일하면서 좋은 결과를 내도록 노력할 것입니다.

(1) 위의 글 내용을 확실하게 이해하지 <u>못한</u> 사람을 골라 보세요. 읽기 전략

① 진영: 올리버가 3년 전에는 한국 문화에 익숙하지 않아서 고생했네.

② 상우: 올리버는 신입 사원 때 고생했지만 외국에서 취직한 것을 후회하지 않았네.

③ 유나: 올리버는 앞으로도 계속 회사에서 일하면서 좋은 결과를 내려고 노력하겠네.

2. 다시 읽고 물음에 답해 보세요.

(1) '이달의 우수 사원'과 관련해 이 글에 나와 있지 <u>않은</u> 것을 골라 보세요.

① 우수 사원이 된 기분

② 우수 사원이 받는 상품

③ 우수 사원으로 뽑힌 이유

(2) 올리버에 대한 내용으로 알맞은 것을 골라 보세요.

① 회사에 다니면서 한국어를 공부했다.

② 한국에 오기 전부터 일할 준비를 철저히 했다.

③ 처음에는 다른 직원들과 똑같이 한국어를 못 했다.

(3) 읽은 내용으로 알맞은 것을 골라 보세요.

① 올리버가 일을 할 때 올리버를 도와주는 사람이 없었다.

② 올리버는 자기가 스스로 선택한 것을 포기하고 싶지 않았다.

③ 올리버는 3년 전에도 열심히 하면 미래에 꼭 잘될 거라고 믿었다.

3. 1을 바탕으로 글을 써 보세요.

	한국에서 취업한 것을 후회하던 나에게
후회하거나 어려웠던 일	올리버, 한국에서 일하느라 정말 고생 많았지? 너 3년 전 생각나? 사실 너는 취직했다는 기쁨과 설렘으로 별 준비 없이 한국에 왔잖아.
후회나 어려움을 극복하기 위해 한 노력	그때 네가 선택한 일을 이렇게 포기할 수 없다는 생각이 들었어.
후회, 어려움을 극복하고 얻은 결과	점점 한국 생활에도 회사 생활에도 적응이 됐어. 그리고 신제품 개발에 성공하고 회사에서 네가 이달의 우수 사원으로 뽑혔다는 소식을 듣게 됐어. 우수 사원이 된다는 건 상상도 해 보지 못한 일이라서 너무 놀랐고 기뻤어.
과거의 나에게 해 주고 싶은 말	올리버, 포기하지 않고 계속 일하길 정말 잘했어. 만약 3년 전으로 시간을 되돌릴 수 있다면 한국 회사 생활이 힘들어서 후회하던 너에게 포기하지 않으면 좋은 결과가 있을 거라고 응원해 주고 싶어. 앞으로도 계속 열심히 해 보자.

12 단원 환경과 기후 변화

어휘와 표현 ① 환경 오염 p.130

1. 알맞은 것을 골라 대화를 완성해 보세요.

대기 오염 　 수질 오염 　 토양 오염 　 지구 온난화

A 환경 오염 문제에 대해 이야기해 봅시다.

(1) B 요즘 대기 오염 이/가 심해져서 맑은 하늘을 보는 날이 많지 않습니다.

(2) B ______________ 도 문제입니다. 땅에서 기르는 채소에서도 오염 물질이 나왔다고 합니다.

(3) B ______________ 때문에 동네 강 근처에만 가도 냄새가 심각합니다. 곳곳에 죽은 물고기도 종종 봅니다.

(4) B ______________ 을/를 막아야 합니다. 이상 기후 현상으로 3일 전에 전국에 폭설이 내렸었는데 오늘은 전국적으로 낮 기온이 20℃까지 올랐습니다.

2. 밑줄 친 부분은 주요 어휘와 표현이에요. 관계있는 것을 연결해 보세요.

(1) "요즘 공기의 질이 안 좋네요." •

(2) "플라스틱 쓰레기로 토양 오염이 심각하대요." •

(3) "지구에 사는 모든 동물과 식물을 보호해야 해요." •

(4) "가정에서 사용하고 버린 물이 바로 강으로 가서 수질이 나빠지고 있대요." •

• ① "강에 직접 생활 하수를 버리면 안 돼요."

• ② "플라스틱을 땅에 묻지 말고 재활용해야 해요."

• ③ "공장이나 자동차에서 매연이 배출돼서 그래요."

• ④ "동식물이 멸종되기 전에 우리 모두가 노력해야 돼요."

3. 2의 밑줄 친 표현을 사용해 글을 완성해 보세요.

자동차에서 (1) 매연이 배출되는 문제가 너무 심각하다. 도시에서 깨끗한 하늘을 본 게 언제인지 기억이 나지 않는다. 가정에서 요리 후 남은 기름이나 세탁 세제가 섞인 (2) ______________ 것도 문제다. 이 물이 강물을 오염시키지 않도록 깨끗하게 처리하는 데 큰 비용이 들고 있다고 한다. 플라스틱 쓰레기 문제도 걱정이다. 매일 버려지는 많은 쓰레기를 처리할 방법이 없어서 (3) ______________ 있다고 들었다. 이런 일이 계속되면 이 지구에서 살고 있는 모든 (4) ______________ 말 것이다.

p.142

1. 밑줄 친 부분은 주요 어휘와 표현이에요. 관계있는 것을 연결해 보세요.

(1) 개인 용기에 담아요. • ······ • ① "카페에서 주문한 커피를 제 텀블러에 받아요."

(2) 쓰레기를 분리해서 버려요. • • ② "한 번 쓰고 버리는 수저나 컵을 사용하지 않아요."

(3) 일회용품 사용을 자제해요. • • ③ "종이는 종이 쓰레기통에, 플라스틱은 플라스틱 쓰레기통에 나눠서 버려요."

2. 1의 밑줄 친 표현을 사용해 대화를 완성해 보세요.

(1) A 한국에서 쓰레기를 버릴 때 어떻게 버려야 해요?

B 재활용이 가능한 것과 그렇지 않은 것으로 쓰레기를 분리해서 버려요.

(2) A 사장님, 음식이 조금 남았는데 포장해 주실 수 있나요?

B 혹시 담아 가실 용기를 가져오셨나요? ________________ 가시면 할인해 드려요.

(3) A 우리가 아무 생각 없이 생활용품을 사용하는 것에 대해 진지하게 고민해 봐야 합니다.

B 맞습니다. 우리가 한번 쓰고 버리는 종이컵도 환경에 부정적인 영향을 줍니다. 따라서 우리 모두 ________ ________________ 합니다.

3. 알맞은 것을 골라 대화를 완성해 보세요.

자원을 절약하다	재활용품을 사용하다	친환경 제품을 애용하다

(1) A 이 공책은 버려진 종이로 만든 건데요. 이런 재활용품을 사용하면 환경에 도움이 될 거라 생각해요.

B 디자인이 예쁘다고 생각했는데 환경까지 생각한 공책이라니 더 멋지네요.

(2) A 세계 곳곳에서 석유나 천연가스가 부족해지고 있다는 우려의 목소리가 커지고 있습니다.

B 지금부터라도 석유나 천연가스 같은 ________________ 않으면 우리가 사용하는 모든 것들이 부족해지는 상황을 맞이하게 될지도 모릅니다.

(3) A 박연수 씨가 사용하는 화장품에 대해 궁금해하는 팬들이 많은데요. 박연수 씨는 요즘 어떤 화장품을 쓰세요?

B 저는 피부에 자극도 적고 환경에도 좋은 ________________. 피부 건강도 챙길 수 있을 뿐만 아니라 환경도 보호할 수 있으니까요.

문법 ❶ N(으)로 인해

pp.131~132

1. 알맞은 것을 골라 대화를 완성해 보세요.

뉴스	상승	시위	취업난

(1) A 김 기자, 지난달부터 서울의 집값이 계속 오르고 있다고요?

B 네. 그렇습니다. 집값 상승으로 인해 ____________ 집이 없는 사람들의 불안이 점차 커지고 있습니다.

(2) A 요즘 경제적으로 어려움을 겪는 청년들이 늘어났다고 하죠?

B 맞습니다. ____________ 많은 청년들이 안정적인 일자리를 구하지 못하기 때문입니다.

(3) A 최 기자, 지금 강원도 지역 골프장 개발을 반대하는 사람들이 시청 주변에 모여 있다고 하던데요. 상황이 어떻습니까?

B 시청 앞에서 열린 ____________ 주변 길이 모두 통제되었으니 참고하시기 바랍니다.

(4) A 신문이나 TV를 통해 보게 되는 뉴스를 무작정 믿기보다는 정보의 출처를 확인하고 신뢰할 수 있는지 꼼꼼하게 확인할 필요가 있습니다.

B 그렇습니다. 최근 가짜 ____________ 나와 다른 사람이 피해를 입지 않도록 주의해야 합니다.

2. 의미가 같은 문장으로 바꿔 보세요.

(1) 사람들이 함부로 쓰레기를 버려서 공원이 점점 더러워지고 있다.

⇨ 사람들이 함부로 버린 쓰레기로 인해 ____________ 공원이 점점 더러워지고 있다.

(2) 하루아침에 기온이 떨어진 탓에 병원을 찾는 감기 환자가 늘었다.

⇨ 하루아침에 떨어진 ____________ 병원을 찾는 감기 환자가 늘었다.

(3) 어젯밤에 일어난 범죄 사건 때문에 많은 시민들이 두려움에 떨고 있다.

⇨ 어젯밤에 일어난 ____________ 많은 시민들이 두려움에 떨고 있다.

(4) 사회생활에서 스트레스를 받아 불면증을 겪는 현대인들이 많다.

⇨ 사회생활에서 받는 ____________ 불면증을 겪는 현대인들이 많다.

(5) 설 연휴 시작 전에 전국에 폭설이 내리는 바람에 택배 배송이 지연되고 있다.

⇨ 설 연휴 시작 전에 전국에 내린 ____________ 택배 배송이 지연되고 있다.

문법 ❷ A/V-더라

1. 그림을 보고 대화를 완성해 보세요.

(1) 

A 엘렌, 왜 이렇게 땀을 많이 흘려?

B 오늘 진짜 덥더라. 코트를 입고 나갔다가 더워서 죽을 뻔했어.

(2) 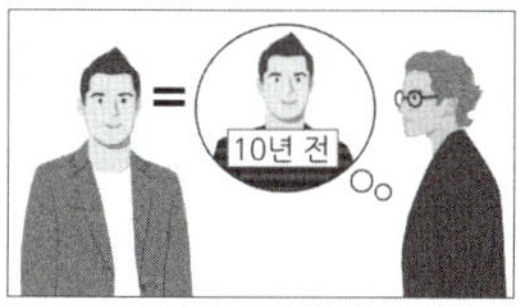

A 올리버, 주말에 중학교 때 친구를 만난다고 했지? 잘 만나고 왔어?

B 응. 그런데 친구가 10년 전이랑 __________. 하나도 안 변해서 정말 놀랐어.

(3) 

A 진차오, 무슨 사과를 이렇게 많이 사 왔어?

B 지하철역 앞에서 사과를 정말 싸게 __________. 그래서 사는 김에 네 것도 샀어.

(4) 

A 다샤, 조금 전에 어디 갔다 왔어?

B 저 사람이랑 사진 찍고 왔어. 사람들이 모두 저 사람의 사진을 찍고 있어서 인터넷에서 찾아보니까 한국에서 꽤 유명한 __________.

2. 알맞은 것을 골라 대화를 완성해 보세요.

많다	웃기다	매진이다	화려하다

진영　지난 주말에 뮤지컬 잘 보고 왔어?

엘렌　응. 그 공연장에 처음 가 봤는데 공연장이 생각보다 넓고 자리도 (1) 많더라.

진영　김지훈이 주인공을 맡았다고 해서 나도 가고 싶었는데 예매하려고 보니까 이미 (2) __________. 어땠어?

엘렌　김지훈이 코미디 연기를 하는 건 처음이라고 들어서 큰 기대는 안 하고 갔는데 의외로 꽤 (3) __________. 덕분에 많이 웃었어. 결혼식을 배경으로 한 무대 연출도 정말 (4) __________. 눈이랑 귀가 즐거운 공연이었어. 다음에 기회 되면 너도 꼭 봐.

문법 ③ N마저

pp.136-137

1. 알맞은 것을 골라 대화를 완성해 보세요.

너	시험	색깔	영화

(1) A 여보세요. 동아리 연습이 늦게 끝나서 많이 늦을 거 같아. 미안해.

B 뭐? 다른 애들도 늦는다고 했는데 너마저 늦는다고? 난 이미 도착했는데 나 혼자 뭐 해?

(2) A 왜 이렇게 공부를 열심히 해?

B 이번 시험은 진짜 잘 봐야 하거든. 그동안 계속 시험을 망쳐서 이번 ________ 못 보면 정말 큰일 나.

(3) A 야, 뭐 하느라고 사람이 와도 몰라?

B 고객 게시판에 글을 쓰고 있어. 주문한 옷을 받았는데 디자인이랑 사이즈도 다르고 ________ 화면이랑 달라.

(4) A 배우 최우현이 음주 운전으로 사고를 내고도 경찰에 신고하지 않고 사고 현장을 떠났다고 하죠?

B 네. 이 사건으로 촬영 예정이던 드라마와 광고는 물론, 지금 찍고 있는 ________ 취소될 위기에 처했다고 합니다.

2. 그림을 보고 대화를 완성해 보세요.

(1)

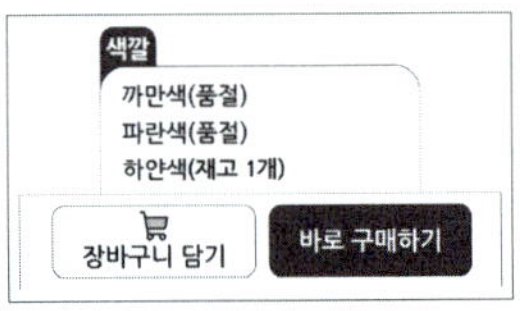

A 까만색 가방을 살 거라고 하더니 하얀색으로 샀네?

B 응. 내가 잠깐 고민하는 사이에 까만색에 파란색 가방까지 다 품절이고 하얀색마저 하나밖에 안 남아서 그걸로 샀어.

(2)

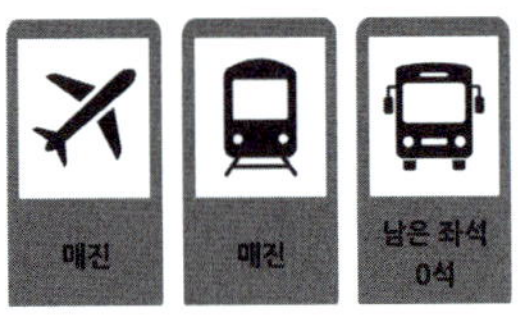

A 최 기자, 이번 연휴에 교통편을 구하지 못해 고향에 못 가는 사람이 많습니까?

B 네. 이미 비행기와 기차는 다 매진입니다. 저는 고속버스터미널에 나와 있는데요. 이른 아침이지만 ________ 자리가 하나도 없습니다.

(3)

A 대학원 진학 준비는 잘되고 있어요?

B 아니요. 아직 하나도 못 했어요. 아버지도 대학원 가는 걸 반대하시는데 ________ 반대하시니까 대학원에 가는 게 맞는 건지 고민이 돼요.

(4)

A 어제 태풍이 대단하더라. 우리 동네는 전기가 다 나갔어.

B 말도 마. 우리 동네도 전기가 나가서 밤에 너무 답답했어. TV도 안 켜지고 노트북도 안 되고 ________ 배터리가 다 나가서 밤에 아무것도 못 했어.

문법 ④ A/V-기는요

pp.143-144

1. 알맞은 것을 골라 대화를 완성해 보세요.

먹다	타다	고맙다	계획적이다

(1) A 발표 자료 찾는 거 도와줘서 고마워요.

B 고맙기는요________. 상우 씨도 지난번에 제가 이사할 때 도와줬잖아요.

(2) A 상우 씨, 시험 기간이 되려면 아직 멀었는데 시험공부 계획을 벌써 세웠어요? 정말 계획적이군요.

B ____________. 계획은 항상 세우는데 지킨 적은 한 번도 없어요.

(3) A 위칭 씨는 더운 나라에서 와서 더위를 안 타겠어요.

B 더위를 안 ____________. 지난 여름에 서울이 정말 더웠잖아요. 비도 안 오고. 그때 얼마나 힘들었는지 몰라요.

(4) A 아이가 밥을 골고루 잘 먹어서 걱정이 없겠어요.

B 잘 ____________. 오늘만 어쩌다가 잘 먹는 거지 평소에는 안 먹는 게 얼마나 많은데요. 다른 날에도 오늘처럼만 먹으면 소원이 없겠어요.

2. 대화를 완성해 보세요.

올리버 선배, 새로 옮긴 회사는 어때요? 집 근처라면서요. 가까워서 좋겠어요.

올가 (1) 좋기는________. 집에서 지하철역도 멀고 버스를 타기도 애매해서 매일 20분이나 걸어서 출근해.

올리버 그렇군요. 그래도 월급이 많지 않아요?

올가 (2) ____________. 일하는 것에 비하면 많지도 않아. 매일 야근이야. 올리버, 너는 어때? 너 일 잘한다고 소문났던데.

올리버 (3) ____________. 남들 하는 만큼만 하는 건데요. 뭐.

올가 그래도 대단하다. 고향을 떠나 한국 직장에서 적응하느라 힘들었을 텐데…….

올리버 (4) ____________. 배우는 것도 많고 다들 저를 배려해 주고 많이 도와줘서 매일 즐겁게 일하고 있어요.

올가 그렇구나. 나도 불평은 그만하고 이제부터라도 좀 더 즐기는 마음으로 일해 봐야겠다.

더 알아보기 A/V-(으)ㄹ지도 모르다

p.139

1. 알맞은 것을 골라 대화를 완성해 보세요.

나타나다	달콤하다	떨어지다	왕자이다

A 여러분, 지금부터 이 그림을 보면서 재미있는 상상을 해 볼까요? 어떤 일이 일어날 것 같아요?

(1) B 저 구름은 사탕처럼 달콤할지도 몰라요.

(2) B 하늘에서 아이스크림이 ____________________.

(3) B 저기 보이는 개구리가 사실 멋진 ____________________.

(4) B 호수 밑으로 내려가면 우리가 모르는 세계가 ____________________.

종합 연습

1. 알맞은 것을 골라 대화를 완성해 보세요.

마저	-기는요	(으)로 인해	-(으)ㄹ지도 모르다

올리버 요즘 마트에 가면 사람이 거의 없어. 사람들이 쇼핑을 안 하나 봐.

엘렌 (1) 불경기로 인해 (불경기) 재료 가격이 상승해서 물가가 많이 올랐잖아.

올리버 그러네. 나도 어제 마트에 갔는데 빵이랑 과자도 가격이 다 오르고 (2) ____________________(라면값) 인상됐더라. 뭘 먹고 살라는 건지 모르겠어.

엘렌 넌 그래도 대기업에 다니니까 걱정 없잖아.

올리버 걱정이 (3) ____________________(없다). 우리 회사도 요즘 상황이 많이 안 좋아.

엘렌 난 아직 취업도 못 했는데 앞으로 취업하기 더 힘들어지면 어떡하지?

올리버 아니야. 석유 가격이 내려가고 있으니까 내년부터는 경제가 (4) ____________________(회복되다). 희망을 가져.

듣고 쓰기

1. 위칭과 조슈아의 대화예요. 듣고 물음에 답해 보세요

11

(1) 들은 내용으로 알맞은 것을 골라 보세요.

① 한국은 지난주에도 거의 매일 따뜻했어요.

② 태국에는 기온이 영하 3℃까지 떨어진 지역이 있어요.

③ 미국에서는 이틀 동안 내린 폭우 덕분에 산불이 꺼졌어요.

(2) 다시 듣고 위칭이 진영에게 보내는 문자 메시지를 써 보세요.

위칭 

진영아, 태국에서 여행 잘하고 있어? 요즘 한국은 많이 따뜻해졌어. 반팔을 입고 ① ______________________. 뉴스에서 올해는 봄이 정말 빨리 지나갈 거래. 방콕은 9도까지 내려갔다고 들었어. ② ______________________ 전 세계 날씨가 이상해진 것 같아. 따뜻해진 게 반갑지만은 않네. 여행 마무리 잘하고 한국에 오면 연락해. 곧 보자.

오전 10:15

2. 공익 광고예요. 듣고 물음에 답해 보세요.

12

(1) '일회용품 줄여가게'에 대한 내용으로 맞지 <u>않는</u> 것을 골라 보세요.

① 캠페인은 환경의 날인 6월 5일 단 하루 동안 진행될 예정이에요.

② 캠페인에 참여한 가게들은 매장에 일회용 그릇과 수저를 두지 않아요.

③ 이 캠페인은 소비자들이 일회용품을 제공받을지 스스로 생각해 보게 해요.

(2) 다시 듣고 들은 내용을 써 보세요.

박찬우 감독은 공익 광고에서 전 세계에서 모인 쓰레기로 인해 세계 곳곳에 ① ______________________ 전하고 있다. 이 추세가 계속된다면 ② ______________________ 쓰레기로 오염되고 말 것이다. 그래서 박찬우 감독은 병들어 가는 지구를 지키기 위해 사람들에게 '일회용품 줄여가게' 참여를 제안했다. '나 하나 이런 캠페인에 참여한다고 뭐가 달라지겠어.'라고 생각하는 사람도 있을 것이다. 하지만 일상에서 ③ ______________________ 한 사람, 한 사람의 실천이 모여 세상을 움직이고 우리의 지구를 푸르게 바꿀 수 있다.

말하기

1. 다음을 읽고 ⓐ, ⓑ에 들어갈 말로 알맞은 것을 골라 보세요.

여러분은 멸종 위기에 처한 동물에 대한 소식을 들은 적이 있습니까? 저는 얼마 전에 뉴스에서 ____ⓐ____ 바다거북의 기사를 보게 됐습니다. 죽은 바다거북의 배는 플라스틱 쓰레기로 가득 차 있었습니다. 플라스틱의 모양과 냄새 때문에 바다거북은 플라스틱을 먹이로 착각한다고 합니다. 우리가 아무 생각 없이 버린 플라스틱 쓰레기가 바다거북의 죽음을 부르는 식사가 된 겁니다. 지금부터라도 노력하지 않으면 지금 남은 바다거북마저 보지 못하게 될 겁니다. 바다거북을 살리는 방법은 생각보다 가까이에 있습니다. 바로 우리의 일상에서 ____ⓑ____. 이상으로 저희 팀의 발표를 마치겠습니다. 감사합니다.

① ⓐ 지구 온난화로 인해 사라질 위기인 ⓑ 플라스틱을 사용하지 않도록 노력하는 것입니다

② ⓐ 플라스틱 쓰레기로 인해 위험에 빠진 ⓑ 플라스틱의 장점을 사람들에게 알리는 것입니다

③ ⓐ 해양 쓰레기로 인해 멸종될 위기에 처한 ⓑ 플라스틱 쓰레기를 함부로 버리지 않는 것입니다

2. 다음 물음에 답해 보세요.

(1) 환경 문제의 원인과 심각성을 표현하는 말로 알맞은 것을 골라 보세요. 말하기 기능

A ________________.

B 그래. 매년 버려지는 음식물 쓰레기만 수십만 톤이 넘는다고 하더라.

① 식당에서 음식을 남기면 그 양만큼 돈을 내야 한대

② 음식물 쓰레기 때문에 토양이 심하게 오염되고 있대

③ 사람들이 남긴 음식물 쓰레기를 처리하는 기술이 개발됐대

(2) 상대의 칭찬에 겸손하게 답하는 말로 알맞은 것을 골라 보세요. 말하기 기능

A 난 다른 사람을 도와야겠다고 생각만 했는데 넌 이렇게 매달 기부까지 하고 정말 대단하다.

B ________________.

① 너도 해 봐. 작년부터 시작한 건데 내가 생각해도 잘한 일이라고 생각하거든

② 뭘. 내가 할 수 있는 일을 할 뿐이야. 어려운 곳에 직접 가서 돕는 사람들이 대단하지

③ 나도 대단하다고 생각해. 내년에는 산불이나 홍수로 피해를 입은 곳에 직접 도우러 가려고

(3) 환경 문제의 원인과 심각성을 말하고 환경 보호 활동을 칭찬하는 대화를 완성해 보세요. 그리고 말해 보세요.

엘렌에게 환경 문제의 원인과 심각성을 이야기하세요. 엘렌이 환경을 위해 하는 행동을 듣고 환경 보호를 위해 실천하는 엘렌의 행동을 칭찬하세요.

루이즈에게 최근에 들은 환경에 관련된 문제를 이야기하고 일상에서 실천하는 환경 보호 활동 경험과 그 활동의 장점을 이야기하세요. 그리고 친구의 칭찬에 겸손하게 답하세요.

1 **환경 문제의 원인과 심각성 말하기**

우리 | 함부로 버린 옷 + 생기는 환경 문제 | 심각하다

루이즈 그 이야기 들었어? ① ______________________________.

엘렌 그래. 매년 버려지는 옷만 수십만 톤이 넘는다고 하더라.

2 **환경 문제 해결을 위한 실천 경험 말하기**

버려진 옷 | 재활용하다 + 만든 가방 + 멋지다 ×

루이즈 쓰레기만 문젠 줄 알았는데 옷도 그렇게 많이 버려진다니 진짜 반성해야겠어.

엘렌 그래서 나는 요즘 가능하면 재활용품을 사. 이것 봐. ② ______________________________?

3 **재활용품 활용의 장점 말하기**

버려진 옷 | 재활용한 물건 | 사다 + 쓰레기 문제 | 해결하다 + 자원 | 아끼다

루이즈 정말이네. 나는 쓰레기를 줄이기 위해 소비를 줄이는 것만 방법인 줄 알았는데 이런 실천 방법이 있구나.

엘렌 응. 버려진 옷을 처리하는 비용도 비용이지만 새 옷을 만드는 게 환경에 더 안 좋다고 하잖아. 그런데 ③ ______________________________.

4 **친구의 칭찬에 겸손하게 답하기**

멋지다

친환경 기술 | 개발하는 사람들 | 있다 + 이 정도 | 아무것도 ×

루이즈 그러네. 난 쇼핑할 때 유행만 생각했는데 너는 환경까지 고민하고 정말 멋지다.

엘렌 ④ ______________. ______________________________.

루이즈 나도 이제부터 재활용품을 사용해 봐야겠다.

읽고 쓰기

1. 다음을 읽고 물음에 답해 보세요.

환경을 생각하는 20대, 작은 행동이 지구를 바꾼다

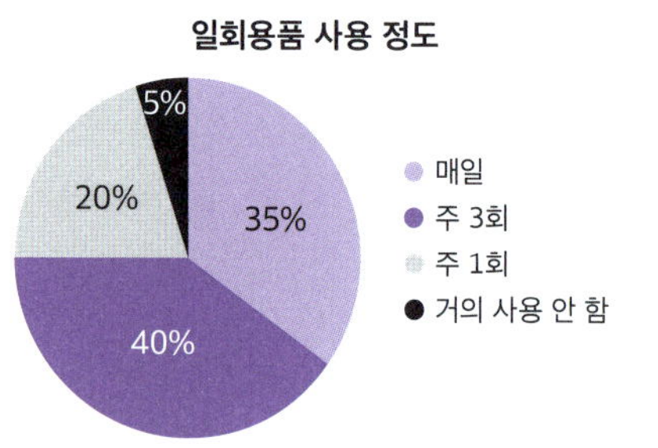

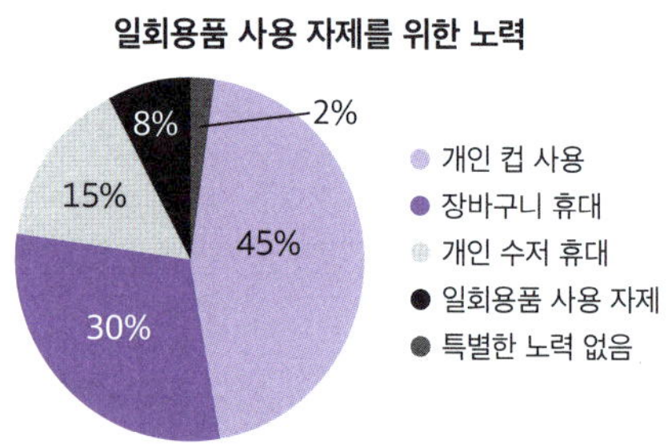

[1] 우리 젊은 세대는 일회용품 사용에 대해 어떻게 생각할까? 최근 20대 대학생 100명을 대상으로 조사를 진행한 환경부 김초록 연구원를 만났다.

[2] **20대 대학생들은 일회용품 사용에 대해 어떤 생각을 하고 있나?**
"이번 조사에서 70% 이상의 대학생들이 매일같이 일회용품을 소비하고 있다고 응답했습니다." 젊은 세대는 일회용품을 계속 사용해도 된다고 생각할까. 김 연구원은 "그건 아닙니다. 일회용품 사용 문제에 대해 응답자의 60%는 '매우 심각하다', 30%는 '심각하다'고 답했고 '심각하지 않다'는 10%밖에 없었거든요. 90%의 대학생들이 이 문제의 심각성을 인식하고 있다고 볼 수 있죠."라고 답했다.

[3] **20대 대학생들은 일회용품 사용 자제를 위해 노력하고 있나?**
"네. 결과가 매우 긍정적이었습니다. 응답자의 45%는 개인 컵을, 30%는 장바구니를, 15%는 개인 수저를 휴대해 다닌다고 답했습니다. 젊은 세대 스스로 일회용품 사용을 자제하기 위한 노력을 하고 있었습니다." 그리고 김 연구원은 조사에 응한 학생들에게 개인 컵이나 장바구니를 사용하는 것이 불편하지 않을지 물었다고 했다. 그런데 의외로 '번거롭지 않다', '이런 작은 노력이라도 환경에 도움이 된다면 기쁘다'는 반응이 많다고 했다.

[4] **이번 조사로 무엇을 알게 됐나?**
김 연구원은 이번 조사로 젊은 세대들의 작은 행동들에서 세상을 바꿀 희망을 봤고 앞으로도 젊은 세대와 함께 일회용품 사용을 줄이기 위한 다양한 캠페인을 진행해 볼 계획이라고 밝혔다. 하루아침에 모든 것이 바뀌기는 어려울 것이다. 그러나 이번 조사 결과를 들으며 잠시나마 우리의 지구를 푸르게 만들 날을 그려 봤다.

이미나 기자(Leemina@ewha.edu)

(1) [2]의 중심 내용으로 알맞은 것을 골라 보세요. 읽기 전략

① 일회용품을 계속 사용해도 된다고 생각하는 응답자도 있다.
② 응답자의 25%는 일회용품을 일주일에 한 번 사용하거나 거의 사용하지 않는다.
③ 대학생들의 반 이상은 일회용품을 거의 매일 사용하지만 이 문제를 심각하게 생각한다.

2. 다시 읽고 물음에 답해 보세요.

(1) 이 글에 대한 설명으로 맞는 것을 골라 보세요.

① 일상에서 환경을 보호하기 위한 방법을 소개하고 있다.
② 환경 보호를 실천하고 있는 사람들을 직접 만나 인터뷰하고 있다.
③ 환경 관련 설문을 진행한 담당자에게 들은 조사 결과를 전하고 있다.

(2) 설문 조사에 대한 설명으로 알맞은 것을 골라 보세요.

① 20-30대 100명을 대상으로 일회용품 사용에 대한 인식 조사를 진행했다.
② 일회용품 사용을 자제하기 위해 장바구니를 가지고 다니는 사람이 가장 많았다.
③ 설문에 응답한 사람 중에는 환경을 위해 개인 수저를 가지고 다니는 사람도 있었다.

(3) 이 글을 읽고 알 수 있는 내용으로 맞지 않는 것을 골라 보세요.

① 기자는 인터뷰를 하면서 잠시 깨끗해진 지구의 모습을 상상했다.
② 환경부는 이번 조사 결과를 참고해 다양한 캠페인을 진행해 보려고 한다.
③ 응답자들은 힘들기는 하지만 개인 컵을 꼭 챙겨야 한다고 생각하고 있었다.

3. 1을 바탕으로 글을 써 보세요.

일회용품 사용에 대한 인식 조사

조사 목적과 조사 대상

요즘 20대들은 일회용품을 사용하는 것에 대해 어떻게 생각하고 있을까? 일회용품 사용에 대한 대학생들의 인식을 알아보기 위해 20대 100명을 대상으로 조사를 진행했다.

설문 조사 결과 및 해석

먼저 일상에서 일회용품을 얼마나 자주 사용하는지 물었다.

____

70% 이상의 응답자가 매일같이 일회용품을 소비하고 있었다. 일회용품 사용 문제에 대해서는 어떻게 생각하고 있을까? 60%는 매우 심각하다, 30%는 심각하다고 답했고 10%는 심각하지 않다고 답했다. 그렇다면 20대들은 일회용품 사용을 줄이기 위해 어떤 노력을 하고 있을까.

____

응답자 인터뷰 결과 및 조사 결과로 알게 된 것

개인 컵과 장바구니를 챙겨서 다니는 일이 번거롭지는 않을까. 그러나 설문에 참여한 이들은 하나같이 "번거롭기는요. 이런 작은 일이라도 환경에 도움이 되면 오히려 다행이죠."라고 대답했다. 설문 조사 결과 20대들은 일회용품 사용을 줄여야 한다는 생각으로 일상에서 자신들이 할 수 있는 노력을 다하고 있음을 알 수 있었다.

부록

문법 설명

듣기 지문 및 정답

문법 설명

7 단원 건강한 생활

1. A/V-(으)ㄹ 따름이다

의미

▶ **형용사, 동사, '이다'와 함께 쓰여 다른 것을 선택할 가능성이 없음을 나타낼 때 사용돼요.**

예
- A 평소에 토마토를 즐겨 드신다고 들었습니다. 특별한 이유가 있으신가요?
  B 특별히 좋아한다기보다 몸에 좋다니까 자주 먹**을 따름입니다**.
- A 건강 문제로 콘서트를 취소하셨다고 들었습니다.
  B 네. 팬들과의 약속을 지키지 못해서 죄송할 **따름입니다**.
- A 김 선수, 축하드립니다. 국가대표가 된 지 1년 만에 금메달을 따다니 정말 놀라울 **따름입니다**.
  B 축하해 주셔서 감사합니다. 저도 경기 결과에 많이 놀랐습니다.
- A 어머, 왜 이런 걸 사 오셨어요?
  B 작지만 제 마음의 표현일 **따름입니다**. 그냥 받아 주세요.

유의

◆ **부정형은 '-지 않을 따름이다', '안 -(으)ㄹ 따름이다'로 사용돼요.**

예
- 나는 그 사람의 의견에 동의하지 않았을 따름이다.
- 나는 커피를 좋아하지 않아서 안 마실 따름이다.

◆ **'-(으)ㄹ 따름이다'와 '-(으)ㄹ 뿐이다'는 모두 선택의 여지가 없음을 나타내요. 그렇지만 '-(으)ㄹ 따름이다'는 '-(으)ㄹ 따름 아니라'로 사용할 수 없어요. 반면에 '-(으)ㄹ 뿐이다'는 '-(으)ㄹ 뿐(만) 아니라'로 사용할 수 있어요.**

예
- 그 영화는 재미있었을 따름 아니라 내용도 교육적이었다. (×)
  그 영화는 재미있었을 뿐(만) 아니라 내용도 교육적이었다. (○)

2. (이)나마

의미

▶ **명사, 부사, 일부 조사와 함께 쓰여 마음에 들지 않거나 부족하지만 아쉬운 대로 받아들임을 나타낼 때 사용돼요.**

예
- A 방학 잘 보냈어요? 방학 동안 좀 쉬었어요?
  B 한국어능력시험(TOPIK)이 있어서 많이 쉬지는 못했지만 그래도 시험 후에 며칠**이나마** 쉴 수 있었어요.

- A 요즘 날씨가 너무 덥지요?
  B 그러니까요. 그래도 밤에 잠시**나마** 시원해져서 정말 다행인 것 같아요.

- A 한국은 처음 방문하시는 거였죠? 어떠셨습니까?
  B 짧은 시간**이나마** 한국의 역사와 문화를 이해할 수 있는 뜻깊은 시간이었습니다.

- A 생일 축하해! 생일날 축하 못 해 줘서 미안해.
  B 아니야. 바쁜데 늦게**나마** 이렇게 챙겨 줘서 고마워.

유의

◆ **'에서', '(으)로' 등과 함께 사용할 수 있어요.**

예
- 공연장에 사람이 많았지만 멀리에서나마 내가 좋아하는 가수를 볼 수 있어서 좋았다.
- 앞으로 직접 만나지 못해도 이메일로나마 자주 연락해요.

◆ **'(이)나마'와 '(이)라도'는 모두 만족할 정도는 아니지만 그런대로 괜찮음을 나타내요. 그렇지만 '(이)나마'를 사용하면 부족한 조건이라는 것이 더 강조되기 때문에 상대에 대해서 평가하거나 상대에게 요청할 때 '(이)나마'를 사용하면 어색해요.**

예
- 밥이 없는데 라면이나마 드실래요? (○)
  밥이 없는데 라면이라도 드실래요? (○)

- 날씨도 좋은데 놀이공원이나마 가자. (?)
  날씨도 좋은데 놀이공원이라도 가자. (○)

3. V-는 김에

의미

▶ **동사에 붙어 어떤 행동을 기회나 계기로 하여 다른 행동을 함을 나타낼 때 사용돼요.**

예
- A 밖에서 점심을 먹**는 김에** 식사 후에 카페에 가서 차도 한잔할까요?
  B 좋아요. 그렇게 해요.
- A 지난주에 시작한 영화 〈연애 시절〉 봤어요? 재미있다고 하던데요.
  B 아니요. 아직 못 봤는데 오늘 친구를 만나**는 김에** 친구랑 같이 보려고요.
- A 헤어스타일이 바뀌었네요. 염색도 했어요?
  B 네. 머리를 자르**는 김에** 염색도 했어요.
- A 온라인 사업을 시작하셨다고요?
  B 네. 매장에서 물건을 파**는 김에** 온라인에서도 팔아 보려고요.

유의

◆ **앞에 제시된 상황이 이미 끝난 경우에는 '-(으)ㄴ 김에'를 써요.**

예
- 부산에 온 김에 며칠 더 여행하다가 가는 게 어때?
- 운동하기로 마음먹은 김에 바로 스포츠 센터에 가서 수강 신청을 했다.

◆ **앞 절과 뒤 절의 주어가 같아야 돼요.**

예
- 안나가 신촌에 가는 김에 단골 식당에 들른다고 했어요. (○)
  안나가 신촌에 가는 김에 엘렌이 단골 식당에 들를 거예요. (×)

◆ **'-는 김에'와 '-(으)면서' 모두 둘 이상의 행위를 함께 한다는 의미를 나타내요. 그렇지만 '-는 김에'는 어떤 행위가 선행되는데 그 기회에 다른 행위를 할 때 사용하고 '-(으)면서'는 두 가지 행위를 겸해서 동시에 한다는 것을 강조할 때 써요. 그래서 '-는 김에'는 앞 절과 뒤 절을 바꾸면 의미가 바뀌고 '-(으)면서'는 앞 절과 뒤 절을 바꾸어도 의미가 바뀌지 않아요.**

예
- 내 김밥을 사는 김에 네 김밥도 샀어.
  ≠ 네 김밥을 사는 김에 내 김밥도 샀어.
- 김밥을 사면서 친구와 통화를 했어.
  = 친구와 통화를 하면서 김밥을 샀어.

4. V-고자

의미

▶ **동사, '이다'에 붙어 행동의 목적이나 의도, 희망을 나타낼 때 사용돼요.**

예
- A 20대 중 상담 센터를 찾는 사람들이 늘었다고 하죠?
  B 네. 마음이 힘들 때 전문가의 도움을 받**고자** 상담 센터를 찾는다고 합니다.
- A 이번 조사를 하게 된 목적은 무엇입니까?
  B 외국인에게 인기 있는 한국 문화를 알아보**고자** 조사하게 되었습니다.
- A 요즘 목표를 이루기 위해 특별히 노력하는 일이 있으십니까?
  B 네. 저는 댄스 대회에서 1등을 하**고자** 열심히 연습하고 있습니다.
- A 아이를 키우는 일이 정말 어려운 것 같아요. 어떻게 하면 좋은 부모가 될 수 있을까요?
  B 좋은 부모**이고자** 한다면 우선 아이를 이해하고 믿어 주셔야 합니다.

유의

◆ **'-고자 하다'로 쓰여 말하는 사람의 의도를 나타내기도 해요.**

예
- 좋은 시장이 되고자 한다면 시민들의 이야기를 열심히 들어야 한다.
- 오늘은 수업 시간에 휴대 전화를 사용하는 문제에 대해 토론하고자 합니다.

◆ **연설이나 보고 같은 공식적인 말이나 글에서 주로 써요.**

예
- 팬들의 응원에 보답하고자 이 노래를 만들었습니다.
- 국가대표 선수들은 이번 올림픽에서 금메달을 따고자 최선을 다했다.

◆ **앞 절과 뒤 절의 주어가 같아야 돼요.**

예
- 올리버가 조사 결과를 알리고자 보고서를 작성했다. (○)
  올리버가 조사 결과를 알리고자 동료가 보고서를 작성했다. (×)

◆ **'-았/었-', '-겠-'과 함께 사용할 수 없어요.**

예
- 우리 아버지는 작년에 건강을 되찾았고자 운동을 시작하셨다. (×)
- 나는 앞으로 학교 규칙을 잘 지키겠고자 노력할 것이다. (×)

◆ **'-고자'와 '-(으)려고' 모두 어떤 행동의 목적이나 의도, 희망의 의미를 나타내요. 그렇지만 '-고자'는 격식을 갖춘 대화나 글에서 자주 사용해요. 반면에 '-(으)려고'는 공식적, 비공식적인 말이나 글에서 모두 사용할 수 있어요.**

예 • 다음 주에 볼 시험에 대해 공지하고자 합니다. (○)
다음 주에 볼 시험에 대해 공지하려고 합니다. (○)

• 지난 주말에 친구를 만나고자 명동에 갔어. (?)
지난 주말에 친구를 만나려고 명동에 갔어. (○)

5. N을/를 통해(서)

의미

▶ **명사와 함께 쓰여 어떤 과정이나 경험을 바탕으로 하거나 어떤 공간을 통과해 지나감을 나타낼 때 사용돼요.**

예 • A 왜 계단으로 내려와요?
B 엘리베이터가 고장이 나서 계단**을 통해** 내려왔어요.

• A 낯선 외국에서 성공하시기 힘드셨을 것 같은데요. 그 어려움들을 어떻게 극복하셨습니까?
B 어려운 일이 있을 때마다 아내와 대화**를 통해** 해결했습니다.

• A 선생님, 선생님의 강의**를 통해서** 한 학기 동안 정말 많은 것을 배웠습니다. 감사드립니다.
B 고맙습니다. 앞으로도 열심히 하시기 바랍니다.

• A 강릉에 잘 다녀왔어요? 강릉에서 뭐가 좋았어요?
B 바닷가에 있는 카페에 갔는데요. 카페에서 넓은 창**을 통해** 바다를 감상할 수 있어서 너무 좋았어요.

유의

◆ **사람이나 물건을 매개로 어떤 일을 할 때도 사용할 수 있어요. 사람을 매개로 할 때는 '(으)로부터'로, 물건을 매개로 할 때는 '(으)로'로 바꾸어서 사용할 수 있어요.**

예 • 안나를 통해 내일 문화 수업이 취소됐다는 이야기를 들었다.
= 안나로부터 내일 문화 수업이 취소됐다는 이야기를 들었다.

• 올림픽 경기가 TV를 통해 전 세계에 방송되었다.
= 올림픽 경기가 TV로 전 세계에 방송되었다.

8 단원 문제와 해결 방안

1. A/V-(으)ㄹ까 봐(서)

의미

▶ **형용사, 동사, '이다'와 함께 쓰여 앞의 행동이 발생하거나 앞의 상황이 될 것에 대한 추측을 나타내요. 이러한 추측이 염려스럽거나 걱정스러울 때 사용돼요.**

예
- A 진영 씨, 조카 생일에 뭘 선물했어요?
  B 옷을 선물했어요. 옷이 좀 **클까 봐서** 걱정했는데 잘 맞아서 다행이었어요.
- A 안나 씨, 친구하고 화해했어요?
  B 아직요. 친구가 화가 안 풀려서 전화를 안 받**을까 봐** 전화를 못 하겠어요.
- A 어제 많이 걸어서 그런지 다리가 부었어. 너는 괜찮아?
  B 응. 나는 괜찮아. 다리가 부**을까 봐** 어젯밤에 찜질을 하고 잤거든.
- A 요즘 남자 친구가 바쁘다면서 자꾸 약속을 깨는데 그게 거짓말**일까 봐서** 불안해요.
  B 거짓말은 아니겠지만 계속 그런 생각이 든다면 남자 친구에게 유나 씨 생각을 솔직하게 말해 보세요.

유의

◆ **걱정 때문에 어떤 일을 했거나 하고 있음을 나타내므로 뒤 절에 미래 시제를 쓸 수 없어요.**

예
- 시험이 어려울까 봐서 열심히 공부했어요. (○)
  시험이 어려울까 봐서 열심히 공부할 거예요. (×)

◆ **'-겠-'과 함께 사용할 수 없어요.**

예
- 엄마한테 혼나겠을까 봐 사실대로 말하지 않았어요. (×)
- 검사 결과가 안 좋아 수술을 받겠을까 봐서 걱정된다. (×)

◆ **부정형은 '-지 않을까 봐(서)', '안 -(으)ㄹ까 봐(서)'로 사용돼요.**

예
- 날씨 때문에 축제 분위기가 나지 않을까 봐서 걱정이에요.
- 어제 제가 쓸데없는 말을 해서 친구가 기분이 안 좋았을까 봐 신경 쓰여요.

◆ '-(으)ㄹ까 해서', '-(으)ㄹ까 싶어', '-(으)ㄹ까 몰라'로 바꿔 쓸 수 있어요.

예 • 비가 올까 봐서 우산을 챙겨 나왔는데 비가 안 오네요.
= 비가 올까 해서 우산을 챙겨 나왔는데 비가 안 오네요.
= 비가 올까 싶어 우산을 챙겨 나왔는데 비가 안 오네요.
= 비가 올까 몰라 우산을 챙겨 나왔는데 비가 안 오네요.

◆ '-(으)ㄹ까 보다'는 아직 확실히 결정한 것은 아니지만 그렇게 할 마음이나 생각이 있음을 나타내요.

예 • 너무 피곤해서 오늘은 일찍 잘까 봐요.
• 약속 장소까지 멀지 않으니까 그냥 걸을까 봐요.

2. V-는 사이(에)

의미

▶ **동사와 함께 쓰여 어떤 행동이 일어나는 시간의 중간이나 짧은 시간 사이에 다른 일이 일어남을 나타내요.**

예 • A 언제 비가 그쳤지?
B 우리가 이야기를 나누**는 사이에** 비가 그쳤나 봐요.

• A 어? 현금이 없네. 이 근처에 현금 인출기가 있을까?
B 이 서점 바로 오른쪽에 은행이 있어. 나는 책을 찾고 있을 테니까 내가 책을 찾**는 사이에** 빨리 다녀와.

• A 육아가 많이 힘들죠? 오늘 잠은 좀 잤어요?
B 네. 그래도 오늘은 아이가 아빠랑 노**는 사이에** 저는 푹 잤어요.

• A 여보세요. 제가 잠깐 집을 비운 **사이에** 택배가 왔는데요. 제 게 아니라서 전화했어요. 잘못 배달하신 것 같아요.
B 그래요? 제가 확인해 보고 다시 연락드리겠습니다.

유의

◆ **과거는 '-(으)ㄴ 사이(에)'가 사용돼요.**

예 • 제가 잠깐 편의점에 갔다 온 사이에 부모님이 외출하셨어요.
• 몇 달 못 만난 사이에 친구가 회사를 그만두고 사업을 시작했다고 한다.

◆ **'-았/었-', '-겠-'과 함께 사용할 수 없어요.**

예 • 제가 화장실에 갔는 사이에 친구가 저녁 값을 계산했어요. (×)

• 아이가 텔레비전을 보겠는 사이에 요리를 할 거예요. (×)

◆ **'-는 사이(에)'는 어떤 행동이 일어나는 시간의 중간이나 짧은 시간 사이에 다른 일이 일어남을 의미하는 반면, '-는 동안(에)'는 어떤 행동이 계속되는 전체 시간에 걸쳐 다른 일이 일어남을 의미해요.**

예 • 공연을 보는 사이에 친구한테서 전화가 왔어요.

• 공연을 보는 동안 휴대 전화를 꺼 놓았어요.

3. A/V-(으)ㄴ/는 줄

의미

▶ **형용사, 동사, '이다'와 함께 쓰여 어떤 사실에 대해 알거나 모른다는 뜻을 나타낼 때 사용돼요. '알다, 모르다'와 함께 쓰여요.**

예 • A 이 그림은 실제로 보니 정말 크네요.
B 그러게요. 저도 놀랐어요. 인터넷에서 봤을 때는 그림이 작**은 줄** 알았거든요.

• A 어제 루이즈랑 노래방에 갔었다면서? 루이즈 노래 잘하지?
B 응. 루이즈가 춤을 잘 춘다는 건 알았지만 노래까지 잘하**는 줄** 몰랐어.

• A 주말에 북한산에 간다고 했었죠? 등산은 어땠어요? 힘들지 않았어요?
B 네. 정말 좋았어요. 공기도 좋고 경치도 아주 아름다워서 힘든 **줄** 모르고 등산했어요.

• A 회의가 내일이에요? 오늘인 **줄** 알고 회의 준비하느라 어제 야근까지 했는데…….
B 날짜를 착각했군요. 그래도 회의 준비를 다 해 놓아서 마음은 편하겠네요.

유의

◆ **'-겠-'과 함께 사용할 수 없어요.**

예 • 나는 네가 이번에 어학연수를 한국으로 가겠는 줄 몰랐어. (×)

• 이번 영화에서 배우 박연수가 주인공을 맡겠는 줄 알았어요. (×)

◆ **'-(으)ㄹ 줄 알다/모르다'는 말하는 사람이 어떤 일이 일어날 거라고 잘못 추측했거나 예상이 맞지 않았을 때 사용해요.**

예 • 어제 상우가 파티 장소를 물어봐서 파티에 올 줄 알았는데 안 왔네요.

• 시험 점수가 높아서 이번에 내가 장학금을 받을 줄 알았는데 다른 반 학생이 받았다.

◆ **'로', '을', '은', '만' 등과 함께 사용할 수 있어요.**

예 • 저는 지금까지 위칭이 베트남에서 온 줄로 알고 있었어요.

• 친구가 요즘 기운이 없어 보였는데 힘든 시간을 보내고 있는 줄은 몰랐어요.

◆ **'N인 줄 알다/모르다'는 강세의 위치에 따라서 두 가지 의미로 해석할 수 있어요.**

예 • 사람들은 우리가 '친구'인 줄 알아요.
= 우리는 친구가 아니지만 친구라고 오해를 받아요.

• 사람들은 우리가 친구인 줄 '알아요'.
= 우리가 친구라는 사실을 숨기려고 했지만 사람들은 그 사실을 알고 있어요.

4. A/V-(으)ㄴ/는 탓에

의미

▶ **형용사, 동사, '이다'와 함께 쓰여 앞의 내용이 부정적인 결과에 대한 원인이나 이유가 됨을 나타낼 때 사용돼요.**

예 • A 아이가 이번 시험은 잘 봤대요?
B 아니요. 이번에도 아는 문제를 많이 틀렸대요. 아이가 성격이 급한 **탓에** 문제를 끝까지 읽지 않아 실수를 자주 해요.

• A 요즘은 맵고 짠 과자나 음식이 인기가 많은 것 같습니다.
B 네. 그렇습니다. 그런데 사람들이 이렇게 몸에 좋지 않은 음식을 습관처럼 먹**는 탓에** 여러 가지 건강 문제가 발생하고 있습니다.

• A 왜 그렇게 일찍 일어나요?
B 집이 회사에서 먼 **탓에** 출퇴근 시간이 오래 걸리거든요.

• A 그 프로젝트는 어떻게 하기로 결정됐습니까?
B 직원들의 반응이 부정적인 **탓에** 진행이 어려울 것 같습니다.

유의

◆ **뒤 절에는 주로 부정적인 결과가 와요.**

예 • 이 건물은 엘리베이터가 없는 탓에 불편하다.

• 호텔이 큰 도로 옆에 위치한 탓에 밤에 소음이 심하다.

◆ **'-았/었-', '-겠-'과 함께 사용할 수 없어요.**

예 • 어제 많이 걸었는 탓에 다리가 아프다. (×)

• 내일 제주도에 가겠는 탓에 동창회에 못 갈 것이다. (×)

◆ **뒤 절에 명령문이나 청유문을 사용할 수 없어요.**

예 • 매장 내부가 좁은 탓에 다섯 사람씩 들어오세요. (×)

• 약속 시간에 늦은 탓에 택시를 탑시다. (×)

◆ **동사의 경우 과거는 '-(으)ㄴ 탓에'로 사용되지만 미래를 나타내는 '-(으)ㄹ 탓에'는 사용되지 않아요.**

예 • 감기에 걸린 탓에 목소리가 잘 안 나온다. (○)

• 내일 이곳에서 마라톤 대회가 열릴 탓에 버스가 다니지 않을 것이다. (×)

◆ **'-(으)ㄴ/는 탓으로'나 '-(으)ㄴ/는 탓이다'로 사용되기도 해요.**

예 • 운동을 너무 무리하게 한 탓으로 허리 근육을 다쳤다.

• 인간관계가 어려운 것은 사람들이 마음을 쉽게 열지 않는 탓이다.

◆ **명사와 함께 쓸 때는 'N 탓에', 'N 탓이다'로 써요.**

예 • 연구 결과에 따르면 봄에는 졸음운전 탓에 교통사고가 많이 발생한다고 한다.

• 이 캠페인이 실패한 것은 팀원들의 소통 부족 탓이다.

5. N에 비해(서)

의미

▶ **명사와 함께 쓰여 앞의 명사가 비교의 대상 또는 기준이 되어 뒤 내용과 같은 평가가 있음을 나타낼 때 사용돼요.**

예 • A 새로 이사한 동네는 어때요?
B 전에 살던 동네**에 비해서** 공기가 맑고 경치가 좋아요.

• A 저는 말하기 실력**에 비해서** 쓰기 실력이 부족한 것 같아요.
B 저도 그래요. 쓰기는 정말 어려운 것 같아요.

• A 나이**에 비해** 젊어 보이시는데요. 특별한 비결이 있으세요?
B 글쎄요. 긍정적으로 생각하고 꾸준히 운동을 해서 그런 것 같아요.

• A 시험 성적은 잘 나왔어?
B 아니. 노력한 것**에 비해** 결과가 좋지 않아서 속상해.

유의

◆ **큰 의미 차이 없이 'N에 비하면'으로 바꿔 쓸 수 있어요.**

예 • 이 제품은 가격에 비해서 품질이 좋은 편이다.
= 이 제품은 가격에 비하면 품질이 좋은 편이다.

◆ **비교의 의미를 강조하기 위해 '더', '훨씬', '덜' 등과 같은 부사와 함께 자주 사용돼요.**

예 • 올해 여름은 작년에 비해서 더 더워요.
• 이곳은 서울에 비해서 물가가 훨씬 저렴하다.
• 출퇴근 시간에는 이 도로가 고속 도로에 비해 덜 막혀요.

◆ **비교의 대상을 나타낼 때는 '보다'와 바꿔 쓸 수 있지만 비교의 기준을 나타낼 때는 '보다'와 바꿔 쓸 수 없어요.**

예 • 우리 반은 다른 반에 비해서 분위기가 좋아요.
= 우리 반은 다른 반보다 분위기가 좋아요.

• 이 휴대 전화는 크기에 비해 무거워요.
≠ 이 휴대 전화는 크기보다 무거워요. (×)

9 단원 언어와 생활

1. V-다(가) 보면

의미

▶ **동사와 함께 쓰여 어떤 행동을 하는 과정에서 새로운 사실을 알게 되거나 새로운 일이 생김을 나타내요.**

예
- A 어제 잠을 설쳐서 그런지 잠이 쏟아져요.
  B 그래요? 졸리면 껌을 씹어 볼래요? 껌을 씹**다 보면** 잠이 깰 거예요.
- A 실례지만 도서관에 가려고 하는데 여기에서 어떻게 가야 됩니까?
  B 이 길로 똑바로 가**다가 보면** 학생 식당이 나올 겁니다. 거기에서 오른쪽으로 가세요.
- A 벌써 집에 갈 시간이네. 놀이공원에 오면 시간이 정말 빠르게 가는 것 같아.
  B 그러게 말이야. 재미있게 놀**다가 보면** 하루가 짧게 느껴져. 너무 아쉽다.
- A 교수님, 책을 읽어도 내용을 금방 잊어버린다는 사람들이 많은데요. 어떻게 하면 좋을까요?
  B 재미있는 부분에 밑줄을 그어 보세요. 밑줄을 긋**다 보면** 그 부분을 잘 기억하게 됩니다.

유의

◆ **'-다(가) 보면'은 어떤 행동을 하는 과정에서 새로운 사실을 알게 됐을 때 사용하지만, '-고 보면'은 어떤 행동을 한 후 뒤의 내용을 받아들이거나 새롭게 깨닫게 됨을 나타낼 때 사용해요.**

예
- 그 친구의 말은 계속 듣다 보면 말투가 독특해서 나도 모르게 말투를 따라 하게 된다.
- 그 친구의 말은 끝까지 듣고 보면 모두 음식 이야기인데 신기하게도 지루하지가 않다.

2. V-아/어 두다

의미

▶ **동사와 함께 쓰여 어떤 행동의 결과가 그대로 유지되고 있음을 나타내요. 또한 다른 행동을 대비하기 위해 어떤 행동을 할 때 사용돼요.**

예
- A 우리 내일 놀이공원에 가잖아. 가기 전에 놀이공원 앱을 내려받**아 두면** 좋을 거 같아.
  B 그러자. 그 앱이 있으면 식당에서 할인도 받을 수 있고 놀이기구도 예약할 수 있다고 들었어.

- A 올리버 씨는 회사에 취직하기 위해서 어떤 준비를 했어요?
  B 한국 회사에 들어오려고 한국어능력시험 4급을 따 **두었습니다**.

- A 곧 아기를 낳는다면서요? 아기 이름은 미리 지**어 뒀어요**?
  B 아니요. 이름 짓는 게 쉽지 않네요. 아직 고민하고 있어요.

- A 오늘 수업 후에 쇼핑몰에 같이 갈래?
  B 그래. 미리 골**라 둔** 옷이 있는데 같이 가서 사야겠다.

유의

◆ **동사 '두다'와 함께 사용할 수 없어요.**

예
- 여름철에 음식을 식탁 위에 오래 둬 두면 음식이 상해요. (×)
- 그 책은 집에 잘 둬 두었다가 필요할 때 학교에 가지고 오세요. (×)

◆ **'-아/어 두다 '는 나중에 일어날 일을 대비하기 위해 하는 행동을 나타내므로 부정적인 의미의 동사와는 사용되지 않지만 '-아/어 놓다'는 부정적인 의미의 동사와 사용돼요.**

예
- 단 음식이 아이들의 식사 습관을 망쳐 뒀다고 생각한 부모들은 음식에 신경을 썼다. (×)
  단 음식이 아이들의 식사 습관을 망쳐 놓았다고 생각한 부모들은 음식에 신경을 썼다. (○)

3. N만 같아도

의미

▶ **명사와 함께 쓰여 어떤 상황이나 시기를 비교해 가정할 때 사용돼요.**

예
- A 10년 전**만 같아도** 전기차를 충전할 수 있는 곳이 많지 않았는데 요즘은 많아진 것 같아요.
  B 맞아요. 그때만 해도 이렇게 전기차가 많아질 거라고 생각 못 했어요.

- A 지난 학기에 비해서 성적이 좀 떨어져서 걱정이에요.
  B 저는 성적이 상우 씨**만 같아도** 걱정이 없을 것 같아요. 다음 시험을 잘 보면 되니까 걱정하지 마세요.

- A 오늘 퇴근 후에 뭐 할 거예요?
  B 아이 옷을 사러 백화점에 가려고 해요. 몇 달 전**만 같아도** 잘 맞던 옷이 벌써 작아졌거든요.

- A 와. 어떻게 이렇게 길을 잘 찾아요? 대단하네요.
  B 지난번에 한국에 왔을 때**만 같아도** 길을 몰라서 고생했어요. 그런데 이제는 길을 잘 알아서 문제없어요.

유의

◆ **'만 해도'로 바꿔 쓸 수 있어요.**

예 • 1년 전만 같아도 한국어를 한마디도 할 줄 몰랐지만 이제는 한국어로 발표도 할 정도로 잘한다.
= 1년 전만 해도 한국어를 한마디도 할 줄 몰랐지만 이제는 한국어로 발표도 할 정도로 잘한다.

• 루이즈가 요즘 열심히 공부하는 것 같아요. 작년만 같아도 숙제도 안 하고 게임만 했잖아요.
= 루이즈가 요즘 열심히 공부하는 것 같아요. 작년만 해도 숙제도 안 하고 게임만 했잖아요.

◆ **비교의 의미를 분명하게 강조하기 위해서 조사 '에서', '까지'를 함께 붙여 사용할 수도 있어요.**

예 • 지난달까지만 같아도 날이 따뜻했는데 이번 주말부터 갑자기 기온이 떨어졌어요.

• 연휴라서 여행 가는 사람들이 많다. 어제 공항에서만 같아도 여행객을 많이 볼 수 있었다.

4. V-는 한

의미

▶ **동사나 '있다, 없다'와 함께 쓰여 앞의 내용이 뒤의 상태나 행동의 전제 또는 조건임을 나타낼 때 사용돼요.**

예 • A 우리 동네에 새로 생긴 식당이 곧 문을 닫는다는 소문 들었어요?
B 정말요? 안타깝지만 가격을 낮추지 않**는 한** 그 식당은 손님이 없을 수밖에 없어요.

• A 엄마, 내일 학교 수업 끝나고 우리 집에서 친구들하고 놀아도 돼요?
B 그래. 미리 숙제를 해 놓**는 한** 친구들을 초대해서 놀아도 좋아.

• A 선생님, 이번 학기가 끝나면 고향에 가는데 한국어를 잊어버릴까 봐 걱정돼요.
B 너무 걱정 마세요. 계속 한국어를 공부하**는 한** 실력을 기르는 데 문제없을 거예요.

• A 진차오 씨가 거짓말해서 친구들이 다 속았다고 해요.
B 전 그 소문을 믿을 수 없어요. 제가 아**는 한** 진차오 씨는 그럴 사람이 아니에요.

유의

◆ **조사 '은'이 붙으면 조건의 의미가 더 강조돼요.**

예 • A 어제부터 계속 폭우가 내리네요. 내일 비행기가 제시간에 출발할 수 있을까요?
B 이렇게 비가 많이 내리는 한은 비행기가 예정대로 출발하기 힘들 거예요.

- A 선생님, 요즘 계속 피곤한데요. 좋은 약이 없을까요?
  B 환자분이 잘 알고 계신 것처럼 운동을 하지 않는 한은 피곤한 건 고칠 수가 없어요.

5. A/V-(으)ㄹ 정도

의미

▶ **형용사, 동사와 함께 쓰여 앞의 상태나 행동과 비슷한 정도나 한도를 나타낼 때 사용돼요.**

예
- A 그 가수의 공연은 항상 매진돼요. 티켓을 구하기가 정말 쉽지 않네요.
  B 맞아요. 서두르지 않으면 예매할 수 없**을 정도**로 늘 인기가 많더라고요.

- A 어제 맛집에 간다고 하지 않았어? 기대만큼 맛있었어?
  B 별로였어. 줄을 서서 먹**을 정도**는 아니었어.

- A 위칭 씨. 지난번에 만났을 때보다 한국어 실력이 많이 좋아졌네요!
  B 아니에요. 잘하긴요. 어려운 한국어 강의나 뉴스를 듣고 완벽하게 이해할 **정도로** 실력을 기르고 싶어요.

- A 너한테 주려고 직접 쿠키를 구웠어. 입에 맞았으면 좋겠다.
  B 정말? 고마워! 쿠키가 너무 예뻐 보여서 먹기 아까울 **정도**야.

유의

◆ **'-(으)ㄴ/는/(으)ㄹ 만큼'으로 바꿔 쓸 수 있어요. 그런데 '-(으)ㄹ 정도'는 문장 끝에도 사용할 수 있지만 '-(으)ㄴ/는/(으)ㄹ 만큼'은 문장 끝에 사용할 수 없어요.**

예
- 나는 서울에서 유명한 카페는 거의 다 찾아다녔을 정도로 커피를 좋아한다.

= 나는 서울에서 유명한 카페는 거의 다 찾아다녔을 만큼 커피를 좋아한다.

- 배우 황민호는 잘생겨서 고등학교 다닐 때부터 길거리에서 배우 제안을 받을 정도였다. (○)

= 배우 황민호는 잘생겨서 고등학교 다닐 때부터 길거리에서 배우 제안을 받을 만큼이었다. (×)

6. A/V-(으)ㄹ 수밖에 없다

의미

▶ **형용사, 동사, '이다'와 함께 쓰여 그것 말고 다른 방법이 없거나 당연한 결과일 때 사용돼요.**

예 • A 이번에 새로 나온 이화전자의 노트북이 기능도 훌륭하고 디자인도 예쁘대요.
B 저도 신문에서 봤어요. 회사에서 투자도 많이 하니 품질이 좋**을 수밖에 없어요**.

• A 늦어서 미안해요. 그런데 왜 김치찌개가 아니라 된장찌개를 시켰어요?
B 김치찌개를 시키려고 했더니 오늘은 재료가 없어서 안 된대요. 그래서 된장찌개를 시킬 **수밖에 없었어요**.

• A 너무 졸려요. 빨리 집에 가서 자야겠어요.
B 네. 어서 집에 가요. 밤을 새워 숙제를 했으니까 피곤하고 힘들 **수밖에 없지요**.

• A 이 글을 쓴 사람은 여자예요? 남자예요?
B 남자예요. 여기 형이 있다고 쓰여 있잖아요. 분명히 남자일 **수밖에 없어요**.

유의

◆ **당연한 결과를 나타내는 경우 '당연히', '반드시'와 같은 부사와 함께 자주 사용해요.**

예 • 이제 여름이 되었으니 당연히 날씨가 더울 수밖에 없다.
• 우리 반 학생들 모두 열심히 공부했으니까 반드시 시험을 잘 볼 수밖에 없었다.

10 단원 우리 주변의 이웃

1. V-(으)려야

의미

▶ **동사와 함께 쓰여 어떤 행동을 하고자 하는 의도가 있음을 나타낼 때 사용돼요. 뒤에 주로 '-(으)ㄹ 수가 없다'와 함께 쓰여 의도를 가지고 어떤 행동을 하려고 노력했지만 그렇게 되지 않음을 의미해요.**

예 • A 요즘 휴대 전화를 손에서 놓지 못하는 사람들이 많죠?
B 네. 휴대 전화 중독이라고 말하기도 하는데요. 휴대 전화를 손에서 놓**으려야** 놓을 수 없는 사람들이 점점 많아지고 있다고 합니다.

• A 최 기자, 이번 설날 연휴에 고향에 가지 못하는 사람들이 많다면서요?
B 네. 버스, 기차, 비행기표가 모두 매진돼서 사람들이 고향에 가**려야** 갈 수가 없는 상황이라고 합니다.

- A 어떻게 김 선배가 우리에게 계속 거짓말을 했는지 이해가 안 돼요.
  B 저도 그래요. 정말로 그런 행동을 계속하다니 선배를 정말 용서하**려야** 용서할 수가 없네요.

- A 박연수 씨, 집이 없는 사람들을 위한 집 짓기 활동을 하고 계신다고요?
  B 네. 마음 같아서는 집을 빨리 짓고 싶은데 여러 상황 때문에 빨리 지**으려야** 지을 수가 없을 때가 많습니다. 이 방송을 보시고 봉사 활동에 많은 분들이 참여하셨으면 좋겠습니다.

유의

◆ **구어에서는 주로 '-(으)ㄹ래야'의 형태로 사용돼요.**

예 • 지갑을 어디에 두었는지 기억이 나지 않아서 지갑을 찾을래야 찾을 방법이 없어요.

- 이 옷은 할머니께서 저에게 처음 만들어 주신 옷이어서 버릴래야 버릴 수가 없네요.

◆ **'-았/었-', '-겠-'과 함께 사용할 수 없어요.**

예 • 이 신발은 다 팔려서 샀으려야 살 수가 없었어요. (×)

- 화가 나서 나가는 쇼타를 잡겠으려야 잡을 수가 없겠어요. (×)

2. V-아/어 대다

의미

▶ **동사와 함께 쓰여 어떤 동작이나 행위를 계속해서 지나치게 반복함을 나타낼 때 사용돼요.**

예 • A 조슈아, 다리 다쳤어? 걷는 게 불편해 보여.
  B 다친 건 아니고 발이 좀 아파. 버스에 사람이 정말 많았는데 옆 사람이 자꾸 내 발을 밟**아 댔거든**.

- A 그렇게 계속 담배만 피**워 대면** 결국 건강이 나빠질 거예요.
  B 알지만 담배를 끊는 게 쉽지 않아요. 줄여 볼게요.

- A 제 룸메이트가 밤마다 남자 친구와 전화를 **해 대서** 너무 짜증이 나요.
  B 힘들겠네요. 룸메이트에게 그러지 말라고 한번 이야기해 보는 건 어때요?

- A 별명 부르지 말라고 말해도 상우는 왜 자꾸 내 별명을 불**러 대는지** 모르겠어.
  B 나쁜 뜻은 없을 거야. 네가 편해서 그런 거겠지.

유의

◆ **반복적임을 강조하기 위해 '계속, 자꾸' 등과 함께 사용돼요.**

예
- 아이가 계속 울어 대서 잠을 잘 수가 없었어요.
- 그렇게 차가운 음료수를 자꾸 마셔 대다가는 배탈이 날 거예요.

3. V-(으)ㄹ 뻔하다

의미

▶ **동사와 함께 쓰여 사실은 일어나지 않았지만 어떤 일이 거의 일어날 것 같았음을 나타낼 때 사용돼요.**

예
- A 오늘 아침에 늦잠을 자는 바람에 시험 시간에 늦**을 뻔했어**.
  B 정말? 그래도 늦지 않아서 다행이네.
- A 안나 씨, 여행 잘 다녀왔어요?
  B 말도 마세요. 기차 시간을 착각해서 하마터면 기차를 놓칠 **뻔했어요**.
- A 진차오 씨, 유학 생활은 어때요?
  B 처음에는 생활이 너무 힘들어서 유학을 포기할 **뻔했는데** 이제는 적응돼서 괜찮아요.
- A 영화가 생각보다 재미없네요.
  B 네. 너무 지루해서 영화를 보다가 잠이 들 **뻔했어요**.

유의

◆ **'-아/어서 죽을 뻔하다'는 과거의 어떤 상황을 과장해서 말할 때 사용돼요.**

예
- 아침을 안 먹은 탓에 수업 시간에 배가 고파서 죽을 뻔했어요.
- 북한산이 그렇게 높은 줄 모르고 올라갔다가 힘들어서 죽을 뻔했다.

4. (이)야

의미

▶ **명사, 부사, 일부 조사와 함께 쓰여 더 말할 필요 없이 당연하다는 뜻으로 강조할 때 사용돼요.**

예
- A 상우야, 형은 지금 어디에 있어?
  B 엄마, 잘 모르겠어요. 형**이야** 책 읽는 걸 좋아하니까 또 도서관에 가지 않았을까요?

- A 숙제 좀 도와줄까?
  B 아니. 이 정도**야** 혼자 금방 할 수 있어.

- A 진차오 씨, 요리 봉사 활동을 같이 할래요?
  B 좋아요. 제가 요리를 잘**이야** 못하지만 도움이 된다면 한번 해 보고 싶어요.

- A 루이즈 씨, 제가 버스 정류장까지 데려다줄까요?
  B 괜찮아요. 여기부터**야** 아는 길이니까 혼자 갈 수 있어요.

유의

◆ **강한 대조의 의미를 나타낼 때는 '(이)야'를 반복해서 사용하지 않고 보통 뒤 절에 대조를 나타내는 '은/는'이 사용돼요.**

예 • 저 가수는 노래야 잘하지만 춤이야 잘 못 춘다. (×)
저 가수는 노래야 잘하지만 춤은 잘 못 춘다. (○)

- 수강 신청이 지금이야 되겠지만 오후 6시 이후에야 안 될걸요. (×)
  수강 신청이 지금이야 되겠지만 오후 6시 이후에는 안 될걸요. (○)

◆ **대조적인 의미가 있기 때문에 뒤에 대조적인 내용이 오지 않아도 돼요. 그래서 대조적인 의미가 전혀 담기지 않은 경우에는 사용할 수 없어요.**

예 • A 동생이 축구를 잘하니까 다른 운동도 잘하겠어요.
B 동생이 축구야 잘하죠. (그런데 다른 운동은 못해요.)

- A 이 식당은 어때요?
  B 이 식당은 된장찌개야 정말 맛있어요. (×)
  B 이 식당은 된장찌개가 정말 맛있어요. (○)

5. -거리다

의미

▶ **동작이나 소리를 나타내는 말 뒤에 쓰여 동작이나 소리가 계속되거나 몹시 심함을 나타낼 때 사용돼요.**

예 • A 왜 그래? 어디 아파?
B 아니. 다음 주부터 서울에서 생활한다고 생각하니까 가슴이 두근**거려**.

- A 뭘 그렇게 머뭇**거리고** 있어? 얼른 가서 유나에게 좋아한다고 고백해.
  B 잠깐만. 유나가 거절할까 봐 걱정돼서 못 하겠어.

- A 엘렌 씨, 아까부터 뭐라고 이야기하는 거예요?
  B 단어를 외우고 있었어요. 저는 단어를 외울 때 중얼**거리면서** 외워야 잘 외워져서요.

- A 아까부터 네가 계속 흥얼**거리는** 노래 제목이 뭐야?
  B 김지훈의 〈푸른 봄〉이란 노래인데 노래 좋지?

유의

◆ **'-거리다'가 특정한 동작이나 상태를 나타내는 말 뒤에 쓰여 특정 상태가 차례로 계속되고 반복될 때 '-대다'로 바꿔 쓸 수도 있어요.**

예 • 수업 시간에 계속 배에서 꼬르륵거리는 소리가 나서 창피했다.
= 수업 시간에 계속 배에서 꼬르륵대는 소리가 나서 창피했다.

11 단원 고민과 후회

1. V-는 통에

의미

▶ **동사와 함께 쓰여 부정적인 결과가 생기게 된 원인을 나타내요.**

예
- A 피곤해 보여요. 어제 잘 못 잤어요?
  B 네. 옆집에서 사람들이 새벽까지 파티 하면서 큰 소리로 웃**는 통에** 잠을 설쳤어요.

- A 왜 그 많은 책들을 손에 들고 와요? 가방 없어요?
  B 종이 가방에 책들을 넣었는데 종이 가방이 찢어지**는 통에** 다 쏟아졌어요.

- A 어젯밤에 아파트 전기가 끊기**는 통에** 에어컨도 못 켜고 더워서 혼났어요.
  B 어제 정말 더웠는데 너무 힘들었겠어요.

- A 김 기자, 이번 태풍이 정말 강하다고 들었는데 어떻습니까?
  B 태풍으로 바람이 심하게 부**는 통에** 지금 앞으로 걸어가기도 어려운 상황입니다.

유의

◆ **'-았/었-', '-겠-'과 함께 사용할 수 없어요.**

예 • 알람 소리가 시끄럽게 울렸는 통에 아이가 잠에서 깼어요. (×)

• 운전하다가 여기저기 부딪히겠는 통에 운전을 못 하겠어요. (×)

◆ **부정적인 결과가 나타나는 경우에만 사용되고 '-는 바람에'와 바꿔 쓸 수 있어요. 그러나 '-는 바람에'는 어떤 것이 원인이 되어서 기대하지 않았거나 예상하지 못한 결과가 나타날 때 사용돼요.**

예 • 공연을 보려고 사람들이 몰려드는 통에 사고가 날 뻔했다.
= 공연을 보려고 사람들이 몰려드는 바람에 사고가 날 뻔했다.

• 달리기 대회에서 1등으로 달리던 사람이 넘어지는 통에 제가 우승을 했어요. (×)
달리기 대회에서 1등으로 달리던 사람이 넘어지는 바람에 제가 우승을 했어요. (○)

◆ **주로 복잡하고 혼란스러운 상황이 원인일 때 사용돼요. 부정적인 결과의 원인을 나타낼 때 '-(으)ㄴ/는 탓에'로 바꿔 쓸 수 있어요.**

예 • 열심히 연습하지 않는 통에 악기 연주 실력이 향상되지 않는다. (×)
열심히 연습하지 않는 탓에 악기 연주 실력이 향상되지 않는다. (○)

• 미술관에서 아이들이 뛰어다니는 통에 관람에 집중할 수 없었다.
= 미술관에서 아이들이 뛰어다니는 탓에 관람에 집중할 수 없었다.

2. V-았/었더니

의미

▶ **동사와 함께 쓰여 과거에 자신이 직접 경험한 것에 대한 반응이나 경험에 이어 새로 알게 된 사실을 말할 때 사용되는데 이때 주어는 '나'예요.**

예 • A 안나 씨, 이 사진 속 박물관이 어디에 있어요?
B 제주도에 있어요. 제주도에 **갔더니** 재미있는 박물관이 정말 많던데요.

• A 여행 갈 때 카드만 가져가고 현금을 하나도 안 가져갔다면서?
B 응. 지갑 안에 현금을 넣어 두었다고 생각했는데 지갑을 열**었더니** 현금이 하나도 없었어.

• A 중국어를 할 줄 알아요?
B 조금요. 제가 아까 중국어로 말**했더니** 진차오 씨가 깜짝 놀랐어요.

- A 아까부터 계속 컴퓨터를 쓰지 않았어요? 갑자기 고장 났어요?
  B 잘 모르겠어요. 컴퓨터가 느려져서 껐다가 **켰더니** 이제 화면이 아예 안 나오네요.

유의

◆ **주어가 '나'가 아닐 때는 과거에 자신이 직접 관찰한 사실에 이은 반응이나 관찰에 이어 새로 알게 된 사실을 말할 때 사용돼요.**

예
- 안나가 찍은 귀국 영상을 봤는데 안나가 비행기에서 내렸더니 안나 어머니께서 정말 기뻐하시던데요.
- 동생이 중고 자전거를 사려고 검색했더니 인터넷에 좋은 물건이 많이 있던데요.

◆ **과거에 직접 경험하거나 관찰한 사실에 대한 결과를 나타낼 때도 사용돼요.**

예
- 며칠 동안 잠을 설쳤더니 너무 피곤해요.
- 조카가 휴대 전화를 떨어뜨렸더니 휴대 전화 화면이 깨졌어요.

3. A/V-고도

의미

▶ **형용사, 동사, '이다'와 함께 쓰여 앞의 내용과 반대되거나 비슷한 다른 특성이 있음을 나타내요.**

예
- A 유나가 조슈아의 여자 친구와 옛날부터 아는 사이였대.
  B 신기하다. 세상은 넓**고도** 좁다는 말이 맞네.
- A 상우야, 내 메시지 못 봤어?
  B 미안해. 아침에 너무 바빠서 메시지를 보**고도** 답을 못했네.
- A 진영아, 연극 동아리 공연은 잘했어?
  B 아니. 실수를 많이 했어. 연습을 많이 하**고도** 잘 못해서 너무 속상했어.
- A 시장이 되셨는데 어떤 각오를 하고 계십니까?
  B 저는 우리 도시를 세계적이**고도** 한국적인 도시로 만들기 위해 최선을 다하겠습니다.

유의

◆ **앞 절과 뒤 절의 주어가 같거나 화제가 같아야 돼요.**

예 • 올리버가 잘못을 하고도 사과하지 않았어요. (○)
올리버가 잘못을 하고도 상우가 사과하지 않았어요. (×)

• 공연이 끝나고도 팬들이 공연장을 떠나지 않고 있었다. (○)
가수 김지훈이 오늘 공연을 잘 끝내고도 내일 드라마를 촬영한다. (×)

◆ **'-았/었-', '-겠-'과 함께 사용할 수 없어요.**

예 • 밤을 새웠고도 보고서를 다 쓰지 못했어요. (×)

• 친구와 못 만나서 선물을 사겠고도 친구에게 주지 못할 것 같아요. (×)

◆ **뒤 절에 명령문이나 청유문을 사용할 수 없어요.**

예 • 다음에 또 기회가 있으니까 실패하고도 좌절하지 마세요. (×)

• 아까 커피를 마시고도 또 같이 커피를 마시자. (×)

4. V-(으)ㄹ걸 (후회)

의미

▶ **동사와 함께 쓰여 과거에 하지 않은 일에 대한 후회나 아쉬움을 나타낼 때 사용돼요. '-(으)ㄹ 걸 그랬다'로 쓰기도 해요.**

예 • A 시간이 없어서 아침 밥을 못 먹었더니 배고파. 간단한 거라도 먹**을걸**.
B 그래? 초콜릿 좀 줄까?

• A 아직 버스 안 탔네. 아까 나가지 않았어?
B 응. 그런데 바로 앞에서 버스를 놓쳤어. 좀 더 빨리 나올**걸**.

• A 다샤, 내일이 시험인데 공부 많이 했어?
B 아니. 지금부터 열심히 해야 해. 미리 좀 할 **걸** 그랬어.

• A 왜 그렇게 걸어? 다리 아파?
B 어제 산책할 때 너무 많이 걸었나 봐. 조금만 걸**을 걸** 그랬어.

유의

◆ **부정형은 '-지 말걸', '-지 말 걸 그랬다'로 사용돼요.**

예 • 축제에 갔는데 사람도 너무 많고 별로 재미없었어. 가지 말걸.

• 시험지를 내기 전에 답을 고쳤는데 원래 쓴 답이 정답이었어요. 고치지 말 걸 그랬어요.

◆ **뒤의 억양을 내려서 말해요.**

예 • 초등학생 때 피아노를 배웠는데 지금은 피아노를 못 쳐. 계속 연습할걸. (↘)

• 여행하면서 사진을 찍어 댔더니 휴대 전화 배터리가 없어. 사진을 많이 찍지 말걸. (↘)

5. A/V-(으)ㄹ걸 (추측)

의미

▶ **형용사, 동사, '이다'와 함께 쓰여 어떤 사실에 대한 추측의 뜻을 나타내요. 주로 구어에서 사용해요.**

예 • A 도서관에 자리가 있을까?
B 글쎄. 다음 주가 시험이라서 사람이 많**을걸**.

• A 올리버 씨가 언제까지 휴가죠?
B 오늘까지 쉬는 것 같아요. 내일은 회사에 올**걸요**.

• A 쇼타는 기숙사에 살아요?
B 아니에요. 학교에 올 때 1시간쯤 걸린다고 했어요. 아마 집이 학교에서 멀**걸요**.

• A 학교 앞에 새로운 카페가 문을 열었을까?
B 내가 지난주에 봤는데 공사하고 있었어. 아직 공사 중일**걸**.

유의

◆ **'-겠-'과 함께 사용할 수 없어요.**

예 • 안나가 생일 선물로 꽃을 받으면 좋아하겠을걸. (×)

• 일본은 오늘 밤에 눈이 많이 내리겠을걸. (×)

◆ **뒤의 억양을 올려서 말해요.**

예 • 배우 김지훈이 결혼한다는 소문이 있던데 사실이 아닐걸. (↗)

• 지금 오후 6시니까 근처 병원들은 문을 닫았을걸요. (↗)

12 단원 환경과 기후 변화

1. N(으)로 인해

의미

▶ **명사와 함께 쓰여 앞의 내용이 뒤의 상황에 대한 원인이나 이유가 됨을 나타낼 때 사용돼요.**

예
- A 친구가 저에 대해 오해를 하고 있는 것 같아서 고민이에요.
  B 오해**로 인해** 친구 관계에 문제가 생겼군요. 오해가 더 쌓이기 전에 대화를 먼저 청해 보는 건 어떨까요?
- A 계속된 무더위**로 인해** 운동하다가 쓰러져서 응급실을 찾는 사람들이 많습니다.
  B 이런 날씨에는 오랜 시간 햇볕 아래 서 있지 않도록 주의해야 합니다.
- A 감독님, 〈최선 야구〉는 언제 개봉하는 겁니까?
  B 예산 부족**으로 인해** 제작이 지연되고 있습니다.
- A 김 기자, 오늘 아침에 고장 난 지하철**로 인해** 출근길에 많은 시민들이 불편을 겪었다고요?
  B 네. 2호선이 고장 나서 지하철이 1시간 동안 지연 운영됐었습니다.

유의

◆ **'인해'를 생략하고 사용할 수 있어요.**

예
- 잘못된 생활 습관으로 인해 불면증이 생겨 고생하는 사람들이 많습니다.
  = 잘못된 생활 습관으로 불면증이 생겨 고생하는 사람들이 많습니다.

◆ **공식적인 말이나 글에 주로 사용해요.**

예
- 스마트폰 사용 증가로 인해 가족 간의 대화가 줄고 있어 문제입니다.
- 길어진 배터리 사용 시간으로 인해 로봇 청소기를 찾는 사람들이 늘고 있다.

◆ **뒤에 명사가 올 경우에는 '(으)로 인한 N'의 형태로 사용해요.**

예
- 지진으로 인한 피해가 큰 것으로 조사됐습니다.
- 요즘 시험으로 인한 스트레스를 호소하는 고등학생들이 많습니다.

◆ **'인하다'는 '생기다, 발생하다'와 동일한 의미를 나타내므로 '(으)로 인한'은 '(으)로 생긴', '(으)로 발생한'으로 바꿔 쓸 수 있어요.**

예 • 환경 오염으로 인한 생태계 파괴가 심각합니다.
= 환경 오염으로 생긴 생태계 파괴가 심각합니다.
= 환경 오염으로 발생한 생태계 파괴가 심각합니다.

2. A/V-더라

의미

▶ **형용사, 동사, '이다'와 함께 쓰여 말하는 사람이 과거에 직접 경험하여 새롭게 알게 된 사실을 지금 상대방에게 말하면서 그 사실에 주목함을 나타낼 때 사용돼요. 아랫사람이나 친한 사이에 사용하며 주로 구어에서 사용돼요.**

예 • A 어제 신촌역 앞 카페에서 네가 어떤 남자랑 지나가는 거 봤어. 그 남자 키가 크**더라**. 남자 친구야?
B 남자 친구는 무슨. 동생이랑 잠깐 어디 가던 길이었어.

• A 위칭이랑 여행 잘 다녀왔어?
B 응. 나는 음식 때문에 고생을 좀 했는데 위칭은 의외로 낯선 음식을 잘 먹**더라**.

• A 이번에 본 한국어능력시험은 어땠어?
B 시험이 내 생각보다는 쉽**더라**. 지난번보다 시험 성적이 잘 나올 것 같아.

• A 내 옆에 앉은 사람이 알고 보니 한국에서 유명한 연예인이**더라**.
B 그래? 인사 좀 해 보지 그랬어.

유의

◆ **'-더라' 뒤에 '요'를 붙여서 사용할 수 없어요.**

예 • 아침에 눈이 많이 왔더라요. (×)
• 쇼타가 어렸을 때는 정말 귀여웠더라요. (×)

◆ **말하는 사람이 새롭게 알게 된 사실을 나타내기 때문에 1인칭 주어를 사용할 수 없어요.**

예 • 내가 주말에 친구를 만나더라. (×)
• 내가 요즘 많이 바쁘더라. (×)

◆ **자신을 객관화하여 새로 알게 된 사실을 다른 사람에게 알려 주거나 자기에 대한 추측을 말할 때는 1인칭 주어를 사용할 수 있어요.**

예 • 어제 시험 결과를 확인해 보니까 이번 시험에서 내가 1등을 했더라.

• 그 일을 하겠다는 사람이 아무도 없어서 내가 해야겠더라.

◆ **사람의 감정이나 기분 등을 나타내는 형용사와 함께 쓸 때는 1인칭 주어가 사용돼요.**

예 • (내가) 오랜만에 고등학교 때 친구를 만나니까 반갑더라. (○)
안나가 오랜만에 고등학교 때 친구를 만나니까 반갑더라. (×)

3. N마저

의미

▶ **명사와 함께 쓰여 현재 상태나 정도에 그 이상의 것이 더해짐 또는 하나 남은 마지막을 그 위에 더함을 나타낼 때 사용돼요.**

예 • A 작년부터 계속된 일자리 부족 문제에 대해 계속 논의는 되고 있지만 여전히 명확한 해결 방법은 나오지 않고 있습니다.
B 네. 문제 해결의 열쇠를 쥔 정부**마저** 뚜렷한 해결 방법을 제시하지 못하면서 국민들의 불안감은 더욱 커지고 있는 상황입니다.

• A 최우현이 자기가 지은 잘못에 대해 2주 넘게 아무런 입장을 밝히지 않고 있습니다.
B 네. 일반 사람들뿐만 아니라 이제는 팬들**마저** 최우현의 잘못을 비난하고 있다고 합니다.

• A 진영 씨, 왜 이렇게 땀을 많이 흘려요?
B 수업에 늦을 거 같아서 서둘러 왔는데 엘리베이터**마저** 고장 나서 계단으로 뛰어 올라왔거든요.

• A 김 기자, 계속되는 불경기에 이미 예약한 여행 상품을 취소하는 사람들이 늘고 있다고요?
B 네. 높은 물가에 환율**마저** 올라 여행 상품 예약 취소가 이어짐에 따라 여행사들의 고민이 깊어지고 있습니다.

유의

◆ **'마저'는 '까지'로 바꿔 쓸 수 있어요. '마저'는 주로 부정적인 상황에서 쓰지만 '까지'는 부정적인 상황과 긍정적인 상황에서 모두 쓸 수 있어요.**

예 • 추운데 바람마저 불었다.
= 추운데 바람까지 불었다.

- 상우는 공부도 잘하고 노래도 잘하는데 운동마저 잘한다. (×)
  상우는 공부도 잘하고 노래도 잘하는데 운동까지 잘한다. (○)

4. A/V-기는요

의미

▶ **형용사, 동사, '이다'와 함께 쓰여 상대방의 말을 가볍게 부정하거나 반박함을 나타낼 때 사용돼요.**

예
- A 다샤 씨, 이 숙소 어때요? 사진을 보니까 생각보다 꽤 넓은 거 같은데요?
  B 넓**기는요**. 사진을 잘 봐요. 넓게 보이도록 찍은 거 같지 않아요?

- A 주말에 푹 쉬었어요?
  B 푹 쉬**기는요**. 윗집이 주말 내내 공사를 해서 시끄러워서 죽는 줄 알았어요.

- A 추우니까 따뜻하게 입고 나가.
  B 춥**기는**. 일기 예보를 좀 봐. 지금 기온이 20℃야. 아침이라 조금 쌀쌀하게 느끼는 거겠지.

- A 이 반 학생들은 참 활발한 것 같아요. 수업에서도 적극적이죠?
  B 적극적이**기는요**. 지금이야 쉬는 시간이니까 활발한 거예요. 수업 시작하면 얼마나 조용한데요.

유의

◆ **상대의 칭찬에 대해 겸손한 태도로 답할 때도 사용돼요.**

예
- A 올리버 씨, 이번 프로젝트에서 여러 가지로 도와줘서 고마워요.
  B 고맙기는요. 오히려 제가 도움을 받았는데요.

- A 그림을 정말 잘 그리시네요.
  B 잘 그리기는요. 그림 그리는 흉내만 좀 낸 건데요.

◆ **줄여서 '-긴요'로도 사용돼요.**

예
- A 위칭 씨, 방학 때 여행 좀 다녀왔어요?
  B 여행을 다녀오기는요. 일이 많아서 집 근처 공원에도 못 갔어요.
  = 여행을 다녀오긴요. 일이 많아서 집 근처 공원에도 못 갔어요.

5. A/V-(으)ㄹ지도 모르다

의미

▶ **형용사, 동사, '이다'와 함께 쓰여 확신이 매우 낮은 사실에 대해 추측할 때 사용돼요.**

예
- A 내일도 숙제가 많을까?
  B 글쎄. 지금까지 숙제가 많았으니까 내일은 숙제가 없**을지도 몰라**.

- A 지금 하늘이 이렇게 맑은데 이따가 비가 오지는 않겠죠?
  B 지금은 안 오지만 오후에는 올**지도 몰라요**. 요즘 날씨가 이상하잖아요.

- A 우주 어딘가에 우리 말고 다른 인간이 살까요?
  B 글쎄요. 우주는 우리가 생각하는 것 이상으로 넓으니까 다른 별에 사람이 **살지도 모르죠**.

- A 이 영상 속에 검은 모자를 쓰고 서 있는 사람이 범인일**지도 모릅니다**.
  B 알겠습니다. 저희가 한번 조사해 보겠습니다.

유의

◆ **'-겠-'과 함께 사용할 수 없어요.**

예
- 저녁이 되면 추워지겠을지도 몰라. (×)
- 차가 막혀서 조금 늦겠을지도 몰라. (×)

듣기 지문 및 정답

7 단원 건강한 생활

어휘와 표현 1_ 수면과 자세 p. 10

1. (1) ③ (2) ② (3) ①

2. (1) 잠을 설치면 (2) 숙면을 취하면 (3) 일찍 잠자리에 드는

3. (1) 엎드려서 잤는데 (2) 어깨를 펴고 걸어 (3) 바른 자세로 앉도록/앉으려고/앉기 위해

어휘와 표현 2_ 건강 p. 11

1. (1) 성장에 영향을 끼쳐서 (2) 음식을 골고루 섭취하는 (3) 영양소를 흡수하는 (4) 끼니를 챙겨 먹어야

2. (1) ① (2) ② (3) ④ (4) ③

3. (1) 졸음이 쏟아져서 (2) 속이 쓰려서 (3) 카페인에 중독될 (4) 과식으로 체했을

문법 1_ A/V-(으)ㄹ 따름이다 p. 12

1. (1) 긴장될 따름입니다 (2) 선수일 따름입니다 (3) 아쉬울 따름입니다 (4) 아플 따름입니다

2. (1) 속상할 따름입니다 (2) 부끄러울 따름입니다 (3) 신기할 따름입니다 (4) 기다릴 따름이라고

문법 2_ (이)나마 p. 13

1. (1) 초콜릿이나마 (2) 영상 통화로나마 (3) 친구들이나마 (4) 조금이나마

2. (1) 선풍기나마 있어서 다행이다 (2) 교통이나마 편해서 괜찮았다
   (3) 주말에나마 스포츠 센터에 가서 운동을 한다 (4) 짧게나마 한국어로 인사를 했다
   (5) 선물로나마 축하 인사를 대신했다

문법 3_ V-는 김에 p. 14

1. (1) ②, 간 김에 쇼핑도 하고 기념품도 샀다 (2) ③, 만드는 김에 남편이 좋아하는 반찬도 만들었다
   (3) ①, 먹은 김에 중국어 학원을 알아봤다 (4) ④, 부치는 김에 한국 건강식품도 같이 사서 보내려고 한다
   (5) ⑤, 난 김에 저녁에 할머니께 안부 전화를 드리려고 한다

2. (1) 입은 김에 (2) 끓이는 김에 (3) 시키는 김에 (4) 온 김에

문법 4_ V-고자 p. 15

1. (1) ①, 되찾고자 규칙적인 생활을 할 겁니다/하기로 했습니다
   (2) ③, 가고자 아르바이트를 해서 돈을 모으고 있습니다
   (3) ④, 쌓고자 한국 회사에서 인턴으로 근무했습니다
   (4) ②, 돕고자 전문 상담 센터를 열었다고 합니다

2. (1) 열고자 (2) 늘리고자 (3) 마련하고자 (4) 설치하고자

더 알아보기_ N을/를 통해(서) p. 16

1. (1) 아르바이트를 통해(서) (2) 문화 수업을 통해(서) (3) 편지를 통해(서) (4) 메시지를 통해(서)

종합 연습 p. 16

1. (1) 배우는 김에 (2) 한국어 공부를 통해 (3) 감사할 따름입니다 (4) 알리고자

듣고 쓰기 p. 17

1.

진행자	여러분, 안녕하세요? 오늘은 이화병원 이석준 교수님을 모시고 지난주에 이어서 건강하게 사는 비결에 대해 알아보려고 합니다. 교수님, 안녕하세요? 지난주 방송을 들으시고 많은 분들이 도움이 됐다고 인터넷으로 의견을 주셨습니다. 감사드립니다.
의사	저는 제가 알고 있는 방법을 소개해 드렸을 따름인데 도움이 되셨다니 다행입니다.
진행자	네. 그럼 오늘도 좋은 말씀 부탁드리겠습니다. 지난 시간에 스트레스, 과로, 술을 피하는 것이 좋다고 말씀하셨는데요. 그렇다면 건강을 위해 꼭 지켜야 할 것에는 어떤 것이 있을까요?
의사	네. 건강을 지키기 위해서는 무엇보다 '식사', '숙면', '운동', 이 세 가지가 중요합니다. 식사는 규칙적으로 하루에 세 끼를 정해진 시간에 드셔야 합니다. 채소나 과일도 많이 드시고 물도 충분히 섭취해야 합니다. 잘 아시는 것처럼 잠을 잘 자는 것도 중요한데요. 잠은 하루에 7시간 정도 숙면을 취하는 것이 좋습니다. 숙면을 취하기 위해서는 자기 전에 스마트폰이나 TV를 보는 것을 피해 주세요. 잠자리에 들기 1시간 전부터는 안 보는 게 좋습니다. 그리고 운동은 적어도 일주일에 세 번 정도 유산소 운동을 하셔야 합니다. 시간을 내기 어렵다면 평소에 대중교통을 이용하거나 엘리베이터 대신에 계단을 이용하는 것도 좋은 방법입니다. 이것도 하기 힘들다면 근무 시간에 잠시나마 스트레칭을 하는 것도 괜찮고요.
진행자	그렇군요. 요즘 건강에 관심을 가진 분들이 점점 많아지고 있는데요. 그런 분들께 많은 도움이 될 것 같습니다. 감사합니다.

(1) ② (2) ① 소개해 드렸을 따름인데 ② 잠시나마

2.

의사	어디가 불편해서 오셨습니까?
유나	요즘 스트레스를 많이 받아서인지 소화가 너무 안돼서요. 배가 아플 때도 있고요.
의사	아, 그렇군요. 스트레스 때문에 소화가 안될 수도 있고 요즘같이 추울 때는 잘 움직이지 않아서 소화가 안되기도 합니다. 심하면 배도 아프다고 하셨으니까 병원에 오신 김에 몇 가지 검사도 같이 받아 보시죠. (1시간 후)
간호사	김유나 씨, 들어오세요.
유나	네. (잠시 후) 선생님, 검사 결과가 나왔나요? 결과가 어떻습니까?
의사	확인해 보니 그렇게 걱정하실 정도는 아닙니다. 그래도 앞으로는 소화를 위해 스트레스를 받지 않게 노력하셔야 할 것 같습니다. 혹시 운동은 자주 하시나요?
유나	아니요. 예전에는 주말마다 등산을 했었는데 요즘에는 바빠서 거의 못 하고 있어요.
의사	그럼 식사하신 후에 산책이라도 해 보세요. 한 20분 정도 걸으시면 도움이 될 겁니다. 요가를 하는 것도 좋은데요. 요가 동작 중 '고양이 자세'가 소화를 도와줍니다. 한번 찾아보시고 따라 해 보세요. 동영상을 보시면 쉽게 따라 하실 수 있을 겁니다. 이런 동작을 반복하시면 조금이나마 소화에 도움이 될 거예요. 약도 드릴 테니까 드셔 보시고 그래도 소화가 안되시면 일주일 후에 다시 오세요.
유나	네. 알겠습니다. 감사합니다.

(1) ③ (2) ① 스트레스를 받지 않아야 ② 산책해 보라고 ③ 요가를 하는 것도 좋다고

말하기 pp. 18~19

1. (1) ②

2. (1) ② (2) ①
   (3) ① 아픈 데는 없는데 왜 이렇게 몸이 안 좋은지 모르겠어요
   ② 한국에서는 이럴 때 건강에 좋은 갈비탕 같은 음식을 먹어요
   ③ 힘이 나지 않을 때마다 먹으니까 일 년에 한 세 번 정도 먹는 것 같아요
   ④ 건강을 지키고자 무엇보다 밥을 잘 챙겨 먹고 있어요

읽고 쓰기 pp. 20~21

1. (1) ①

2. (1) ② (2) ① (3) ②

3. 우유는 정말 몸에 좋은 식품일까?

우유는 흔히 '완전식품'이라고 불릴 만큼 대표적인 건강식품으로 인식되어 왔다. 우유를 마시면 성장에 도움이 되고 건강을 유지하는 데에도 효과가 있다는 것이다. 그렇다면 우유는 정말 우리 몸에 좋은 영향을 미칠까? 우유가 정말 몸에 좋은 식품인지 알아보고자 한다.

어떤 사람은 우유를 먹으면 건강해진다고 주장한다. 그렇지만 우유를 많이 마시면 소화가 안 될 수 있다. 특히 우유를 소화시키지 못하는 사람은 우유를 마신 후에 배가 아프고 속이 불편할 수도 있다.

또 일반적으로 우유를 마시면 뼈가 튼튼해진다고 알고 있다. 이는 우유에 뼈 건강에 영향을 미치는 칼슘이 많이 들어 있어서 그렇다는 것이다. 그러나 우유를 마신 사람들이 안 마신 사람들보다 뼈가 약해서 더 잘 부러진다거나 우유의 과도한 섭취로 암이 발생할 위험이 높아졌다는 연구 결과도 있다.

이상과 같이 우유를 마시면 건강에 좋다는 것은 모든 사람에게 해당되는 것은 아니다. 따라서 개인의 건강 상태에 따라 다르게 영향을 미칠 수 있다는 것을 알고 자신의 몸 상태에 맞게 섭취하는 것이 중요하다.

8단원 문제와 해결 방안

어휘와 표현 1_ 문제 상황과 해결 방법 p. 22

1. (1) ③ (2) ② (3) ① (4) ④

2. (1) 계약이 깨져서/깨지는 바람에 (2) 손해를 봤습니다 (3) 피해를 보상해야 (4) 돈을 돌려받을

3. (1) 하자가 있어서 (2) 연체료를 내면 (3) 배송이 지연돼서 (4) 계산 실수를 바로잡아

어휘와 표현 2_ 사과와 용서 p. 23

1. (1) 사과문을 올렸다 (2) 용서를 구했습니다 (3) 잘못을 뉘우치고

2. (1) ② (2) ③ (3) ①

3. (1) 눈감아 주세요/줘요 (2) 변명을 늘어놓으면 (3) 기회를 주세요/줘요

문법 1_ A/V-(으)ㄹ까 봐(서) p. 24

1. (1) ③, 할까 봐(서) 카드를 집에 두고 외출했다 (2) ⑤, 멀까 봐(서) 미리 간식도 사고 화장실에도 다녀왔다
(3) ①, 짤까 봐(서) 소금을 조금만 넣는다 (4) ④, 떨어졌을까 봐(서) 시험 결과를 물어볼 수가 없다
(5) ②, 막힐까 봐(서) 집에서 일찍 출발했다

2. (1) 일어날까 봐(서) (2) 병일까 봐(서) (3) 평가받을까 봐(서) (4) 클까 봐(서)

문법 2_ V-는 사이(에) p. 25

1. (1) 자는 사이(에) (2) 만드는 사이(에) (3) 찍는 사이(에) (4) 차리는 사이(에)

2. (1) 모르는 사이에 (2) 열어 놓은 사이에 (3) 하는 사이에 (4) 간 사이에

문법 3_ A/V-(으)ㄴ/는 줄 p. 26

1. (1) 다니는 줄 (2) 많은 줄 (3) 그림인 줄 (4) 판 줄

2. (1) 어려운 줄 (2) 50만 원인 줄 (3) 있는 줄 (4) 돌아가는 줄/가는 줄 (5) 먹은 줄

문법 4_ A/V-(으)ㄴ/는 탓에 p. 27

1. (1) ③, 추운 탓에 거리에 오가는 사람들이 거의 없습니다
   (2) ②, 설친 탓에 잠이 너무 쏟아져
   (3) ④, 연예인인 탓에 사람들이 알아봐서 같이 외출하기도 힘들어요
   (4) ①, 하는 탓에 너무 시끄러워서

2. (1) 날씨 탓에 (2) 선입견 탓에 (3) 가정 형편 탓에 (4) 입장료 탓에

더 알아보기_ N에 비해(서) p. 28

1. (1) 아이들/친구들에 비해(서) (2) 노트북에 비해(서) (3) 양에 비해(서)
   (4) 기대/기대한 것에 비해(서)

종합 연습 p. 28

1. (1) 숙소에 비해(서) (2) 취소된 탓에 (3) 가능한 줄 (4) 돌려받지 못할까 봐(서)

듣고 쓰기 p. 29

1.

상담원	이화몰 고객센터입니다. 고객님, 뭘 도와드릴까요?
진차오	제가 받은 모자에 하자가 있어서 새 상품으로 교환하고 싶어요. 제 이름은 진차오이고 주문 번호는 273482예요.
상담원	잠시만요. 고객님, 파란색 야구 모자를 주문하셨네요. 상품 교환이나 환불은 상품을 받으신 후 7일 안에 하셔야 하는데 지금 10일이 지나서 교환이 어려울 것 같습니다.
진차오	저도 아는데요. 제가 여행으로 집을 비운 사이에 택배가 와서 이제 물건을 확인했어요. 살 때는 주문한 다음 날 상품을 받을 수 있다고 했는데 배송이 지연되는 바람에 여행 다녀와서 물건을 봤고요.
상담원	그러셨군요. 그러시다면 교환을 해 드리도록 하겠습니다. 그런데 제품에 무슨 하자가 있습니까?
진차오	모자 장식이 떨어져 있었어요. 다른 쇼핑몰보다 비쌌지만 혹시 가격이 싸면 품질이 안 좋을까 봐서 일부러 이 쇼핑몰에서 주문했는데 상품을 받아 보고 나서 정말 실망했어요.
상담원	고객님, 문제가 있는 상품을 보내 드려서 죄송합니다. 저희가 새 상품을 보내 드릴 테니까 지금 받으신 상품은 반품해 주시기 바랍니다. 다시 한번 불편을 끼쳐 드려서 죄송합니다.

(1) ① (2) ① 집을 비운 사이(에) ② 품질이 안 좋을까 봐(서)

2. 다샤 여보세요. 이화부동산이죠? 저는 이화원룸 302호를 계약하기로 한 다샤라고 하는데요. 오늘 가서 계약서를 쓰면 될까요?

중개인 아, 다샤 씨. 근데 그 방은 이미 계약이 돼서 다른 사람이 들어오기로 했어요. 다샤 씨의 연락을 기다리는 사이에 다른 사람이 그 방을 보고 계약을 했거든요.

다샤 지난주에 제가 그 방이 마음에 든다고 말씀드렸잖아요. 저는 그래서 계약이 된 줄 알았는데 아닌가요?

중개인 말만으로는 계약이 되지 않아요. 계약금을 내야 계약으로 인정돼요. 다샤 씨는 계약금을 안 내서 계약을 했다고 볼 수 없어요.

다샤 어머, 그래요? 제가 다음 달에는 지금 살고 있는 방을 빼야 돼서 그때까지 이사할 방을 못 구하면 안 되는데 큰일이네요. 혹시 이화원룸에 다른 방이 있을까요?

중개인 아직 나온 건 없지만 곧 학기가 끝나서 방이 많이 나올 거예요. 그러니까 방을 못 구할까 봐 너무 걱정하지 않으셔도 돼요.

다샤 그렇군요. 그럼 방이 나오면 저에게 바로 연락해 주시겠어요?

중개인 네. 그렇게 할게요.

(1) ③

(2) ① 그 방을 보고 계약했기 때문이었다 ② 계약이 된 줄 알았는데
③ 방을 못 구할까 봐(서) 걱정을 했다

말하기 pp. 30~31

1. (1) ①

2. (1) ② (2) ②
(3) ① 할 말이 있는데 지금 시간이 있어요 ② 문법이 어려운 탓에 영어를 안 쓸 수가 없었어요
③ 사실은 오늘 제가 좋아하는 가수가 새 앨범을 발표해서 친구한테 그 이야기를 했어요
④ 오늘 규칙을 어겨 죄송합니다

읽고 쓰기 pp. 32~33

1. (1) ②

2. (1) ③ (2) ② (3) ③

3. 오늘 면접을 보러 가지 못해서 정말 죄송합니다.
보낸 사람: 조슈아 <joshua@germail.com>
받는 사람: 김석현 선생님 <shkim@shk_english.com>
8월 17일(금) 오후 8:20

김석현 선생님께

선생님, 안녕하십니까? 조슈아입니다.

전화드렸는데 통화가 되지 않아서 이렇게 이메일을 드립니다. 오늘 면접 약속을 지키지 못해 다시 한번 죄송합니다. 많이 기다리셨을 텐데 미리 연락을 못한 것에 대해서도 뭐라고 드릴 말씀이 없습니다. 그리고 제가 멋대로 문자로 내일 찾아뵙겠다고 말씀드린 것도 정말 죄송합니다. 선생님의 일정은 생각하지 않고 경솔하게 행동했습니다.

제가 핑계를 대는 것처럼 생각하실까 봐서 걱정이 되지만 실은 학원을 옮기는 문제 때문에 지금 일하는 학원에서 정리할 일이 좀 많았습니다. 게다가 제가 듣고 있는 한국어 수업에서 발표까지 맡게 되어 그 준비로 며칠 밤을 새우다시피 했습니다. 그래서 잠깐 눈을 붙이려고 했는데 며칠 동안 잠을 거의 못 잔 탓에 잠이 너무 깊게 들어서 알람 소리를 못 들었습니다. 제가 일어났을 때는 이미 선생님과 약속한 시간이 지나 있어서 본의 아니게 면접을 보러 가지 못했습니다.

선생님, 괜찮으시다면 선생님이 편하신 시간에 다시 면접 기회를 주실 수 있을까요? 제게 다시 면접 볼 기회를 주신다면 최선을 다해 면접을 준비해 가겠습니다.

오늘 본의 아니게 선생님께 예의 없이 행동한 것 같습니다. 앞으로는 이런 일이 없도록 주의하겠습니다. 오늘 일에 대해 다시 한번 용서를 구합니다.

조슈아 드림

9 단원 언어와 생활

어휘와 표현 1_ 언어 습관 p. 34

1. (1) ③ (2) ② (3) ①

2. (1) 말을 신중하게 하는 (2) 불평을 늘어놓는 (3) 예의를 갖춰 말하려고/말하기 위해/말하도록

3. (1) 귀를 기울이는 (2) 남의 말을 끊으면 (3) 함부로 비난하면

어휘와 표현 2_ 언어 사용 p. 35

1. (1) ③ (2) ④ (3) ① (4) ②

2. (1) 말을 줄여서 하니까 (2) 사투리를 써서 (3) 맞춤법이 틀린 (4) 외국어를 지나치게 사용하는

3. (1) 표준어로 말했다 (2) 억양이 어색하다는 (3) 말투가 부드러워서 (4) 발음이 자연스럽다고

문법 1_ V-다(가) 보면 p. 36

1. (1) ④, 받다(가) 보면 불면증이 생기고 잠을 잘 자도 피로를 느낄 수 있습니다
   (2) ①, 먹다(가) 보면 매운맛에 익숙해지고 좋아하게 됩니다

(3) ②, 보다(가) 보면 자연스럽게 한국어 표현을 배우게 됩니다
(4) ③, 사용하다(가) 보면 눈이 건조해지고 손목이나 목에 통증이 생깁니다

2. (1) 걷다(가) 보면 (2) 훈련하다(가) 보면 (3) 읽다(가) 보면 (4) 떨다(가) 보면

문법 2_ V-아/어 두다 p. 37

1. (1) 정해 두는 (2) 들어 둬 (3) 검색해 둬 (4) 발급받아 두는

2. (1) 적어 둔 (2) 맡겨 두고 (3) 세워 두고 (4) 걸어 두면

문법 3_ N만 같아도 p. 38

1. (1) 작년만 같아도 (2) 어제만 같아도 (3) 90년대만 같아도 (4) 평소만 같아도

2. (1) 처음 한국에 왔을 때만 같아도 (2) 강릉만 같아도
(3) 아르바이트를 그만두었을 때만 같아도 (4) 엄마만 같아도

문법 4_ V-는 한 p. 39

1. (1) ②, 있는 한 그 문제를 해결할 수 없을 것이다
(2) ③, 바꾸지 않는 한 직원들은 그 규칙을 지킬 수밖에 없다
(3) ④, 오르는 한 지금의 월급으로는 돈을 모으기 쉽지 않다
(4) ①, 들여다보는 한 책 읽을 시간을 내기 힘들다

2. (1) 손을 자주 씻는 한 (2) 영수증을 가지고 가는 한 (3) 지하철을 타지 않는 한 (4) 선크림을 잘 바르지 않는 한

더 알아보기 1_ A/V-(으)ㄹ 정도 p. 40

1. (1) 힘들 정도로 (2) 아쉬울 정도였어요 (3) 방해될 정도였어요 (4) 촬영했을 정도로

더 알아보기 2_ A/V-(으)ㄹ 수밖에 없다 p. 40

1. (1) 돌아갈 수밖에 없었어요 (2) 취소할 수밖에 없는 (3) 많을 수밖에 없습니다 (4) 지역일 수밖에 없습니다

듣고 쓰기 p. 41

1.

사회자	오늘은 교육 전문가 오은성 교수님을 모시고 칭찬에 대해 이야기를 나눠 보겠습니다. 교수님, 안녕하세요?
전문가	네. 안녕하세요?
사회자	진심이 담긴 칭찬을 들으면 하루 종일 기분이 좋은데요. 교육에서 칭찬은 어떤 힘이 있을까요?
전문가	칭찬의 중요성은 누구나 알고 있습니다. 아이들은 칭찬을 받으면 자신감과 의욕을 가지게 됩니다. 그런데 칭찬이 아이를 망칠 수도 있다는 생각을 해 본 적 있으신가요? 칭찬하는 방법이 왜 중요한지 보여 주는 재미있는 실험이 있어서 소개해 드릴까 합니다. 한 TV 프로그램에서 아이들에게 문제를 풀게 했습니다. 그리고 한 팀에는 '머리가 좋다', '최고다'라고 말하고 다른 팀에는 '노력하는 모습이 보기 좋다' 정도로만 칭찬하거나 말없이 아이들이 문제 풀기를 기다려 줬습니다.
사회자	두 팀의 아이들이 다른 반응을 보였나요?
전문가	네. '머리가 좋다'라는 말을 들은 아이들은 오히려 부담스러워하고 불안해했습니다. 필요 이상의 칭찬을 듣다 보면 자신감이 생겨 더 잘하는 게 아니라 실수할까 봐 두려워하게 된다는 것을 알 수 있죠.
사회자	실험 결과가 놀랍네요. 부모라면 칭찬을 잘하는 방법을 알아 두는 것이 좋겠습니다.
전문가	맞습니다. 말로 하는 칭찬이 어렵다면 표정이나 행동으로 보여 주는 것도 좋습니다. 그리고 칭찬을 할 때 결과보다는 노력과 과정에 대해 칭찬을 하는 것이 중요합니다.

(1) ① (2) ① 칭찬을 듣다 보면 ② 알아 두는 것이 좋습니다.

2.

강연자	안녕하세요? 여러분. 지난 시간에 이어서 우리가 자주 사용하는 표현의 어원에 대해서 이야기해 보겠습니다. 한국어 단어인 '엿보다', '엿듣다'의 의미를 아시죠? '남몰래 살펴보다', '남몰래 듣다'라는 의미입니다. 각각 '보다'와 '듣다'에 '엿'이라는 말이 붙어 있는데요. 혹시 이 표현이 어떻게 생겨났는지 아십니까? 여기에서 '엿'은 어떤 동물을 말하는데요. 무슨 동물일까요? 맞혀 보실 분 계세요? 바로 '엿'은 여우를 가리키는 옛말이라고 합니다. 15세기만 같아도 '여우'는 '엿'이라는 형태로 사용되었습니다. 학자들에 따르면 '여우처럼 본다', '여우처럼 듣는다'라는 의미로 '엿보다', '엿듣다'라는 단어가 만들어졌다고 하네요. 아마도 옛날 한국인들은 여우를 남을 속이거나 남몰래 나쁜 행동을 하는 동물로 여긴 것 같습니다. 한국어 표현을 하나 더 살펴볼까요? 한국어를 배우다 보면 재미있는 표현을 보게 되는데요. '부랴부랴'라는 말을 아십니까? "기차역으로 부랴부랴 달려갔지만 기차는 이미 떠나고 없었다."와 같이 매우 급하게 서두르는 모양이라는 뜻으로 쓰이고 있습니다. 이 표현의 유래는 불이 났을 때 우리가 뭐라고 외치는지를 생각해 보면 추측할 수 있습니다. 네. "불이야! 불이야!" 외치는 데서 '부랴부랴'라는 말이 나온 거죠. 이처럼 새로 배우는 표현들의 어원을 잘 기억해 두면 한국어 공부가 훨씬 재미있어질 뿐만 아니라 상황에 맞는 표현을 사용할 수 있게 됩니다.

(1) ③ (2) ① 여우를 가리키는 ② 불이 났을 때 외치는 ③ 어원을 기억해 두면

말하기 pp. 42~43

1. (1) ②

2. (1) ③ (2) ②

(3) ① 친구들이 '대박'이라는 말을 자주 쓰는데 무슨 뜻이에요

② 굉장히 좋다는 뜻으로 쓰여요

③ 알아듣기 힘들기는 하지만 유행어를 사용하다 보면 친구들과 한결 친근해지는 느낌이 들어서 좋아요
④ 유행어를 과도하게 사용하는 한 의사소통에 문제가 생길 수밖에 없어요

읽고 쓰기 pp. 44~45

1. (1)

질문	본문에 나온 답
① ⓐ "커피 나오셨습니다."라고 말해도 될까?	사물을 높이는 표현이므로 틀린 표현이다.
② ⓑ "자리가 없습니다."라고 말하면 예의 없어 보이지 않을까?	상대방의 신체, 가족 등은 높여서 말할 수 있다.
③ ⓒ "어머니께서는 손이 예쁘십니다."는 올바른 표현일까?	과도한 친절이 담긴 잘못된 표현을 사용하면 의사소통에 방해가 된다.

2. (1) ③ (2) ① (3) ②

3.

일상 속 잘못 쓰는 높임 표현은?

한국어는 높임 표현이 발달한 언어이다. 외국인뿐만 아니라 심지어 한국인도 높임 표현을 사용하면서 어려움을 겪는다. 대화 상황에서 듣는 사람이나 대상을 높이는 방식이 복잡해서 높임 표현을 사용할 때 실수하기도 하는 것이다.

커피숍, 식당 등에서 "커피 나오셨습니다."나 "이 상품은 품절이십니다." 등과 같은 말을 들은 적이 있는가? 이런 말들은 가게 직원이 예의 바른 태도로 손님을 맞이하려고 하다 보니 높임 표현을 과도하게 사용한 것이다. 각각 "커피 나왔습니다.", "이 상품은 품절입니다."로 고쳐 말해야 된다. 듣는 사람이 불편할 정도로 높이는 표현, 이대로 괜찮은 걸까?

잘못된 높임 표현을 사용하면 어떤 문제가 생길까? 과도한 친절이 담긴 잘못된 표현을 사용하다 보면, 정확한 의미는 전달하기 힘들기 때문에 의사소통에 방해가 될 수 있다. 어색한 문장을 사용하게 돼서 쓰는 사람도 불편하고 높임 표현이 제 기능을 할 수 없다.

그렇다면 높임 표현을 제대로 사용하기 위해 어떻게 해야 할까? 상대방에게 예의를 지키면서 올바른 표현을 사용하려면 먼저 과도한 높임 표현은 문제라는 것을 기억하고, 될 수 있는 한 잘못된 표현을 사용하지 않기 위해 노력해야 된다. 또한 학교에서도 올바른 높임 표현을 가르치는 교육을 할 필요가 있다.

10 단원 우리 주변의 이웃

어휘와 표현 1_ 갈등과 해결 방법 p. 46

1. (1) ① (2) ③ (3) ④ (4) ②

2. (1) 층간 소음에 시달리고 (2) 갈등이 생겨서 (3) 대화로 푸는 (4) 화해를 청해

3. (1) 불편을 호소하는 (2) 싸움을 말리는 (3) 서로의 입장을 이해한 (4) 잘잘못을 가리는

어휘와 표현 2_ 이웃을 위한 도움 p. 47

1. (1) 목숨을 구했다고 (2) 전 재산을 내놓았다고 (3) 재능을 기부한

2. (1) ① (2) ② (3) ③

3. (1) 자신을 희생하는 (2) 손을 내밀어 (3) 더불어 사는

문법 1_ V-(으)려야 p. 48

1. (1) 찾으려야 찾을 수가 없었다 (2) 도우려야 도울 수가 없었다 (3) 사려야 살 수가 없는
   (4) 믿으려야 믿을 수가 없었다 (5) 쫓아가려야 쫓아갈 수가 없었다고

2. (1) 잡으려야 잡을 수가 없다고 (2) 들으려야 들을 수가 없어요
   (3) 잊으려야 잊을 수가 없는 (4) 떼려야 뗄 수가 없는

문법 2_ V-아/어 대다 p. 49

1. (1) 불러 대요 (2) 비벼 대지 (3) 울어 대서 (4) 마셔 대더니/대다가

2. (1) 뛰어 대서요 (2) 짖어 대서 (3) 떨어 대는지 (4) 먹어 대서/대는 바람에

문법 3_ V-(으)ㄹ 뻔하다 p. 50

1. (1) 놓고 올 뻔했어요 (2) 빠질 뻔했어요 (3) 포기할 뻔했지만 (4) 잃을 뻔했어요

2. (1) 넘어질 뻔했다 (2) 밟을 뻔했다 (3) 쏟을 뻔했다 (4) 지를 뻔했지만

문법 4_ (이)야 p. 51

1. (1) 걱정이야 (2) 잠깐이야 (3) 너야 (4) 국내에서야

2. (1) 1년 전에야 (2) 돈이야 (3) 학교야 (4) 지금이야

더 알아보기_ -거리다 p. 52

1. (1) 반짝거리는 (2) 쿵쿵거리는 (3) 두리번거리고 (4) 꼬르륵거리는

종합 연습 p. 52

1. (1) 놀려 대서 (2) 참으려야 참을 수가 없었습니다 (3) 싸울 뻔했습니다 (4) 가끔이야

듣고 쓰기 p. 53

1.

쇼타	유나 씨, 무슨 일이 있어요? 얼굴이 너무 안 좋아 보여요.
유나	네. 쇼타 씨. 저희 앞집에 사는 사람 때문에 집에 있는 게 좀 힘들어요.
쇼타	왜요? 앞집 사람과 무슨 일이 있었어요?
유나	밤에 계속 문밖에서 떠들어 대서 잠을 못 자겠어요. 집에 들어가서 이야기하면 되는데 왜 문밖에서 그러는지 모르겠어요.
쇼타	그럼 조금만 조용히 해 달라고 하지 그랬어요.
유나	시간이 지나면 괜찮아질 줄 알았거든요. 그런데 요즘에는 더 시끄러워요. 그리고 언제부턴가는 문 앞에 자전거나 짐을 놓기 시작하더니 이젠 쓰레기까지 쌓아 두는 거예요. 도저히 참으려야 참을 수가 없어서 직접 가서 이야기하려고요.
쇼타	그동안 많이 힘들었겠어요. 그런데 먼저 이야기하기 전에 문 앞에 메모를 써 두는 건 어때요? 앞집 사람은 자신이 한 행동에 대해 잘못했다고 생각하지 않을 수도 있잖아요.
유나	그럴까요? 그럼 일단 쇼타 씨가 말한 대로 메모를 먼저 써야겠어요. 같이 생활해야 하는 장소에서는 좀 더 상대방의 입장을 생각하고 행동하면 좋겠어요.

(1) ② (2) ① 떠들어 대셔서/대시면 ② 참으려야 참을 수가 없어서

2.

엘렌	마테오 씨, 이 뉴스 봤어요? 택시 기사가 자신의 택시에 탄 할아버지를 도왔다는 이야기요.
마테오	엘렌 씨, 조금 전에 저도 봤어요. 택시에 탄 할아버지가 너무 편찮아 보이셔서 택시 기사가 할아버지께 어디 편찮으시냐고 여러 번 물었지만 그때마다 할아버지가 괜찮다고 하셨대요.
엘렌	네. 그런데 택시 기사가 봤을 때 할아버지가 금방 쓰러질 것 같아서 할아버지가 가자고 한 장소에 가지 않고 바로 병원으로 모시고 갔다고 하잖아요.
마테오	맞아요. 의사가 할아버지께서 병원에 조금만 늦게 오셨으면 큰일 날 뻔했다고 했어요.
엘렌	그리고 할아버지가 정신이 들 때까지 택시 기사가 옆에 있었대요. 다행히 할아버지가 금방 괜찮아지셔서 그 모습을 보고 택시 기사가 조용히 나갔고 그때 병원비도 냈대요.
마테오	할아버지가 나중에 이 사실을 알고 자신을 도와준 택시 기사에게 감사 인사를 하고 싶은데 택시 기사를 찾으려야 찾을 수가 없어서 경찰서로 가셨대요. 결국 경찰이 택시 기사를 찾으면서 이 이야기가 알려지게 됐고요.
엘렌	요즘엔 주변에 무관심한 사람들도 많잖아요. 그런데 이 택시 기사처럼 다른 사람들을 돕는 이야기를 들으니까 마음이 따뜻해지는 것 같아요.

(1) ② (2) ① 할아버지를 병원으로 모시고 갔다 ② 큰일 날 뻔했다고 했다 ③ 찾으려야 찾을 수가 없어서

말하기 pp. 54~55

1. ①

2. (1) ② (2) ③
   (3) ① 벽화를 같이 그릴 사람을 찾는 글을 쓰고 있었어요 ② 무슨 일로 벽화를 그릴 사람이 필요한데요
   ③ 안나 씨 실력이면 우리가 그리는 그림쯤이야 쉽게 그릴 수 있을 거예요
   ④ 도움이 필요한 집에 가서 일을 도와주기도 해요

읽고 쓰기 pp. 56~57

1. ① ㉠ – 처음에 어떤 방식으로 기부를 했고 사람들을 위해 어떤 활동을 했는지에 대한 이야기가 나올 거야.
   ② ㉡ – 편지를 읽은 후에 아이들을 위해 어떤 도움을 줬는지에 대한 사연이 나올 거야.
   ③ ㉢ – 기부 마라톤을 통해 모은 돈을 어떻게 사용하는지에 대해 말할 거야.

2. (1) ② (2) ③ (3) ②

3.

자신이 받은 사랑을 다시 돌려주는 사람, 나승환

아무리 쉬운 일이라도 그것을 직접 매일 실천하기란 쉽지 않다. 하지만 이 생각을 행동으로 옮기는 사람이 있다. 그 사람은 바로 배우 나승환이다. 나승환은 1994년 배우로 활동을 시작했고 대중들에게 많은 사랑을 받았다. 그리고 2004년에 결혼했다.

결혼식 다음 날 아내는 나승환에게 지금까지 받은 사랑을 사람들에게 돌려주는 게 어떠냐고 했고 그날부터 하루에 만 원씩 1년 동안 365만 원의 돈을 모았다. 그리고 그 돈을 무료 급식 봉사 단체에 기부했고 직접 급식 봉사 활동을 하기도 했다. 2006년부터는 아이들을 돕는 활동을 했다. 이때 도움을 준 한 아이에게 감사 편지를 받았는데 그 편지에 감동을 받았다고 한다. 두 사람이야 지금 생활도 문제없으니 집을 사려고 모아 둔 돈을 기부하자고 아내에게 말했다. 이렇게 해서 소외된 아이들이 조금이라도 편하게 생활할 수 있도록 돕기 시작했다. 그리고 기부 마라톤도 하고 있다. 기부 마라톤은 사람들이 낸 마라톤 참가비로 어려운 이웃을 돕는 행사이다. 이 기부금으로 어려운 이웃이 보다 편하게 생활할 수 있도록 필요한 음식이나 물건 등을 제공하고 있다.

자신이 하는 일을 통해 새로운 변화가 생기는 것이 좋다고 말한 나승환, 그의 이런 착한 마음과 이웃을 향한 사랑이 많은 사람들에게 감동을 주고 있다.

11 단원 고민과 후회

어휘와 표현 1_ 고민 p. 58

1. (1) ② (2) ① (3) ③ (4) ④

2. (1) 고민거리가 늘어서 (2) 결정을 망설이게 (3) 한참 머뭇거리는 (4) 입장이 난처할

3. (1) 사이가 서먹해 (2) 마음의 벽이 생기는 (3) 업무가 부담돼요 (4) 장래가 불투명해요

어휘와 표현 2_ 후회 p. 59

1. (1) 미련이 남아서 (2) 실수를 저지른 (3) 시간을 되돌릴

2. (1) ② (2) ① (3) ③

3. (1) 고집을 부렸어 (2) 양심에 걸려서 (3) 뒤늦게 깨닫게

문법 1_ V-는 통에 p. 60

1. (1) 따라오는 통에 (2) 서두르는 통에 (3) 외치는 통에 (4) 찾는 통에

2. (1) 이야기하는 통에 (2) 드나드는 통에 (3) 미는 통에 (4) 쏟아지는 통에

문법 2_ V-았/었더니 p. 61

1. (1) 샀더니 (2) 전화했더니 (3) 만들었더니 (4) 열었더니

2. (1) ①, 불렀더니 올리버가 뒤를 돌아봤다
(2) ④, 했더니 대학생들이 진로를 가장 고민하는 것으로 나타났다
(3) ②, 찾았더니 정보가 생각보다 많지 않았다
(4) ③, 말했더니 남자 주인공이 눈물을 흘리기 시작했다

문법 3_ A/V-고도 p. 62

1. (1) 가깝고도 (2) 슬프고도 (3) 멀고도 (4) 구체적이고도

2. (1) 먹고도 배가 고프다 (2) 주고도 살 수 없다 (3) 일하고도 일을 끝내지 못했다
(4) 가지 않고도 소셜 미디어로 다른 나라의 모습을 볼 수 있다

문법 4_ V-(으)ㄹ걸(후회) p. 63

1. (1) 잘걸 (2) 넣을걸/챙길걸 (3) 가지 말걸 (4) 들걸

2. (1) 먹을 걸 그랬습니다 (2) 사귈 걸 그랬습니다 (3) 모을 걸 그랬습니다
(4) 들을 걸 그랬다는 (5) 읽을 걸 그랬다고

더 알아보기 1_ A/V-(으)ㄹ걸(추측) p. 64

1. (1) 맛있을걸 (2) 취소될걸 (3) 갔을걸 (4) 학생일걸

종합 연습 p. 64

1. (1) 듣고도 (2) 조르는 통에 (3) 설명했더니 (4) 찾아볼걸

듣고 쓰기 p. 65

1.

엘렌	쇼타 씨는 유학을 마치고 고향에 돌아가면 부모님과 전통 과자 가게를 운영할 계획이죠?
쇼타	네. 맞아요. 지난 학기에 그렇게 하기로 마음먹고 구체적인 계획도 세웠어요. 엘렌 씨도 고향에 돌아가면 액세서리 회사를 차릴 거라면서요?
엘렌	글쎄요. 막 한국에 왔을 때는 바로 처리해야 하는 일들이 매일 생기는 통에 생각할 여유가 없었는데 요즘은 진로에 대해 고민하고 있어요. 바로 사업을 시작하지 않고 회사에 취직하면 어떨까 해요.
쇼타	취직요? 왜 그런 생각을 했어요?
엘렌	제가 귀국 후에 바로 회사를 차릴 거라고 했더니 친구들이 먼저 회사에 취직해서 일해 보는 게 어떠냐고 조언해 줬거든요. 회사에서 일하면 회사 운영에 필요한 것들을 더 잘 배울 수 있을 거래요.
쇼타	실은 전 부모님이 앞으로 꼭 가게를 이어서 운영해야 한다고 매번 강조하시는 통에 다른 진로를 생각해 본 적이 없는 것 같아요. 그렇지만 기회가 있다면 저도 대기업에서 한번 일해 보고 싶어요.
엘렌	네. 시간을 되돌릴 수 없으니까 나중에 후회하지 않도록 신중하게 생각해 보고 진로를 정해야 할 것 같아요.

(1) ① (2) ① 일들이 매일 생기는 통에 ② 회사를 차릴 거라고 했더니

2.

상우	진차오, 오늘은 여자 친구 안 만나?
진차오	응. 상우야. 사실은 어제 여자 친구와 싸웠는데 아직 화해를 못 했어.
상우	무슨 일 때문에 싸웠는데?
진차오	여자 친구가 학교에서 기분 나쁜 일이 있었다고 하면서 나한테 그 일을 말해 줬는데 내가 그 말을 듣다가 여자 친구의 행동에도 잘못이 있다고 말했거든. 내가 그렇게 행동을 지적했더니 여자 친구가 화를 내서 다퉜어.
상우	그랬구나. 여자 친구가 속상했을 텐데 지적하지 말고 그냥 들어 주지 그랬어. 네가 다른 말 하지 않고 들어 주기만 했어도 여자 친구한테는 위로가 됐을 텐데…….
진차오	그러게. 이야기만 잘 들어 줬으면 여자 친구와 싸우지 않고 그냥 넘어갈 수 있었는데 내가 잘못한 것 같아.
상우	맞아. 사실 여자 친구도 네 진심을 알 텐데 그렇게 지적하면 진심을 알고도 서운할 것 같아. 어떨 때는 그냥 다른 사람이 내 입장에서 들어 주고 공감만 해 줘도 마음이 풀리잖아. 얼마 전에 나도 여자 친구가 속상한 일이 있다고 해서 그때 내가 여자 친구 입장에서 공감해 줬더니 여자 친구가 기분이 다 풀렸다고 했어.
진차오	그랬구나. 나도 이제부터는 다른 사람의 말을 잘 듣고 공감해 주는 습관을 길러야겠어.

(1) ③ (2) ① 행동을 지적했더니 ② 여자 친구와 싸우지 않고 ③ 잘 듣고 공감해 주는

말하기 pp. 66~67

1. (1) ②

2. (1) ③ (2) ②
   (3) ① 나도 대회를 열심히 준비했는데 실수를 해서 미련도 남고 후회도 돼
   ② 노래를 부르다가 대회를 촬영하는 카메라를 본 순간 가사를 잊어버렸어
   ③ 준비를 열심히 했는데 결과가 안 좋아서 정말 속상해
   ④ 당황하지 말고 침착하게 부를걸 하는 생각이 들어서 정말 아쉬워

읽고 쓰기 pp. 68~69

1. (1) ②

2. (1) ② (2) ① (3) ②

3.

한국에서 취업한 것을 후회하던 나에게

올리버, 한국에서 일하느라 정말 고생 많았지? 너 3년 전 생각나? 사실 너는 취직했다는 기쁨과 설렘으로 별 준비 없이 한국에 왔잖아. 그렇지만 막상 일을 시작해 보니 너무 힘들었어. 한국어도 서툴고 문화도 낯설어서 다른 신입사원보다 더 많이 고생했지. 그래서 외국에서 일하지 말걸 하고 후회했고 고향으로 돌아갈까 수없이 고민했었지.

그때 네가 선택한 일을 이렇게 포기할 수 없다는 생각이 들었어. 그래서 최선을 다해 보기로 마음먹었지. 한국어 실력을 키우기 위해 한국어도 배웠잖아. 회사의 선배, 동료들도 너를 많이 도와줬어.

점점 한국 생활에도 회사 생활에도 적응이 됐어. 그리고 신제품 개발에 성공하고 회사에서 네가 이달의 우수 사원으로 뽑혔다는 소식을 듣게 됐어. 우수 사원이 된다는 건 상상도 해 보지 못한 일이라서 너무 놀랐고 기뻤어.

올리버, 포기하지 않고 계속 일하길 정말 잘했어. 만약 3년 전으로 시간을 되돌릴 수 있다면 한국 회사 생활이 힘들어서 후회하던 너에게 포기하지 않으면 좋은 결과가 있을 거라고 응원해 주고 싶어. 앞으로도 계속 열심히 해 보자.

12 단원 환경과 기후 변화

어휘와 표현 1_ 환경 오염 p. 70

1. (1) 대기 오염 (2) 토양 오염 (3) 수질 오염 (4) 지구 온난화

2. (1) ③ (2) ② (3) ④ (4) ①

3. (1) 매연이 배출되는 (2) 생활 하수를 버리는 (3) 플라스틱을 땅에 묻고 (4) 동식물이 멸종되고

어휘와 표현 2_ 환경 보호 활동 p. 71

1. (1) ① (2) ③ (3) ②

2. (1) 쓰레기를 분리해서 버려요 (2) 개인 용기에 담아 (3) 일회용품 사용을 자제해야

3. (1) 재활용품을 사용하면 (2) 자원을 절약하지 (3) 친환경 제품을 애용해요

문법 1_ N(으)로 인해 p. 72

1. (1) 상승으로 인해 (2) 취업난으로 인해 (3) 시위로 인해 (4) 뉴스로 인해

2. (1) 쓰레기로 인해 (2) 기온으로 인해 (3) 범죄 사건으로 인해 (4) 스트레스로 인해 (5) 폭설로 인해

문법 2_ A/V-더라 p. 73

1. (1) 덥더라 (2) 같더라/똑같더라 (3) 팔더라 (4) 사람이더라

2. (1) 많더라 (2) 매진이더라 (3) 웃기더라 (4) 화려하더라

문법 3_ N마저 p. 74

1. (1) 너마저 (2) 시험마저 (3) 색깔마저 (4) 영화마저

2. (1) 하얀색마저 (2) 버스마저 (3) 어머니마저 (4) 휴대 전화마저

문법 4_ A/V-기는요 p. 75

1. (1) 고맙기는요 (2) 계획적이기는요 (3) 타기는요 (4) 먹기는요

2. (1) 좋기는 (2) 많기는 (3) 잘하기는요 (4) 힘들기는요

더 알아보기_ A/V-(으)ㄹ지도 모르다 p. 76

1. (1) 달콤할지도 몰라요 (2) 떨어질지도 몰라요 (3) 왕자일지도 몰라요 (4) 나타날지도 몰라요

종합 연습 p. 76

1. (1) 불경기로 인해 (2) 라면값마저 (3) 없기는 (4) 회복될지도 몰라

듣고 쓰기 p. 77

1.

위칭	조슈아, 밖에 나가 봤어? 오늘 반팔 입고 다니는 사람도 있더라. 낮 최고 기온이 23℃래.
조슈아	아직 2월인데 벌써 23℃라고? 2월이 끝나려면 며칠 남았잖아.
위칭	맞아. 그런데 뉴스를 보니까 올해는 봄이 정말 빨리 지나갈 거라고 하더라. 게다가 여름은 더 더울 거래.
조슈아	그래? 지난주까지만 같아도 거의 매일 눈이 왔는데 며칠 만에 이렇게 따뜻해지다니 날씨가 정말 이상하네.
위칭	태국은 반대로 너무 추워서 난리였대. 태국은 보통 2월 평균 기온이 25℃ 정도거든. 그런데 방콕은 어제 9℃까지 내려갔고 영하 3℃까지 내려간 지역도 있었대. 지구 온난화로 인해 전 세계 날씨가 다 이상해진 것 같아.
조슈아	그러고 보니까 얼마 전에 미국 로스앤젤레스(Los Angeles)에 산불이 크게 나서 근처에 있던 집들이 불에 많이 탔잖아. 그런데 그 후에 바로 이틀 동안 폭우가 내려서 그때 무너진 집들도 많다고 하더라.
위칭	정말 큰일이네. 겨울 내내 춥다가 이제 좀 따뜻해진 것 같아서 좋았는데 이런 이야기들을 들으니까 기후 위기를 실감하게 되는 것 같아서 무섭다.

(1) ② (2) ① 다니는 사람도 있더라 ② 지구 온난화로 인해

2.

박찬우	안녕하세요? 영화감독 박찬우입니다. 여러분은 전 세계에서 모인 쓰레기로 인해 세계 곳곳에 커다란 쓰레기 산이 생긴 사실을 알고 계시나요? 지금 이 순간에도 쓰레기 산은 점점 커지고 있으며 자연 속 동식물들이 사는 곳이 위협받고 있습니다. 이 추세가 계속된다면 우리가 살아가는 곳마저 쓰레기로 오염되고 말 겁니다. 6월 5일 환경의 날을 맞아 병들어 가는 지구를 지키기 위해 오늘 저는 여러분에게 '일회용품 줄여가게' 참여를 제안하려고 합니다. '일회용품 줄여가게'는 일회용품 사용을 줄이기 위한 캠페인인데요. 소비자와 가게 운영자 모두의 행동 변화를 위해 2년 전부터 정부에서 진행하고 있습니다. 캠페인의 이름처럼 매장에는 일회용품을 두지 않게 하고 소비자들이 배달 음식을 주문할 때 일회용품을 제공받을지 스스로 한 번 더 생각해 보도록 해서 일회용품을 줄이는 것을 목적으로 합니다. 카페나 식당을 운영 중인 분들, 그리고 가게를 방문하는 분들 모두 오늘부터 '일회용품 줄여가게' 캠페인을 꼭 기억해 주세요. '나 하나 이런 캠페인에 참여한다고 뭐가 달라지겠어?'라고 생각하시는 분들도 계실 겁니다. 하지만 일상에서 일회용품 사용을 줄이기 위한 한 사람, 한 사람의 실천이 모여 세상을 움직이고 우리의 지구를 푸르게 바꿀 수 있습니다.

(1) ① (2) ① 커다란 쓰레기 산이 생긴 사실을 ② 우리가 살아가는 곳마저 ③ 일회용품 사용을 줄이기 위한

말하기 pp. 78~79

1. (1) ③

2. (1) ② (2) ②
   (3) ① 우리가 함부로 버린 옷으로 인해 생기는 환경 문제가 심각하대
   ② 버려진 옷을 재활용해서 만든 가방인데 멋지지 않아?
   ③ 버려진 옷을 재활용한 물건을 사면 쓰레기 문제도 해결하고 자원도 아낄 수 있어
   ④ 멋지기는 친환경 기술을 개발하는 사람들도 있는데 이 정도는 아무것도 아니지.

읽고 쓰기 pp. 80~81

1. (1) ③

2. (1) ③ (2) ③ (3) ③

3.

일회용품 사용에 대한 인식 조사

요즘 20대들은 일회용품을 사용하는 것에 대해 어떻게 생각하고 있을까? 일회용품 사용에 대한 대학생들의 인식을 알아보기 위해 20대 100명을 대상으로 조사를 진행했다.

먼저 일상에서 일회용품을 얼마나 자주 사용하는지 물었다. 이 질문에 35%가 '매일'이라고 답했다. 그 뒤를 '주 3회' 40%, '주 1회' 20% 순으로 '거의 사용 안 함'이라고 한 사람은 단 5%뿐이었다. 70% 이상의 응답자가 매일같이 일회용품을 소비하고 있었다. 일회용품 사용 문제에 대해서는 어떻게 생각하고 있을까? 60%는 매우 심각하다, 30%는 심각하다고 답했고 10%는 심각하지 않다고 답했다. 그렇다면 20대들은 일회용품 사용을 줄이기 위해 어떤 노력을 하고 있을까. 이 질문에 45%가 개인 컵을 사용하고 있다고 응답했고 30%는 장바구니를, 15%는 개인 수저를 들고 다닌다고 답했다. 일상에서 일회용품 사용을 자제하고 있다는 응답도 8% 있었다. '특별한 노력 없음'이라는 응답도 2% 있었지만 응답자의 반 이상이 일회용품 사용을 자제하려고 노력하고 있었다.

개인 컵과 장바구니를 챙겨서 다니는 일이 번거롭지는 않을까. 그러나 설문에 참여한 이들은 하나같이 "번거롭기는요. 이런 작은 일이라도 환경에 도움이 되면 오히려 다행이죠."라고 대답했다. 설문 조사 결과 20대들은 일회용품 사용을 줄여야 한다는 생각으로 일상에서 자신들이 할 수 있는 노력을 다하고 있음을 알 수 있었다.

지은이 소개

책임 연구원 **김민정**
이화여자대학교 언어교육원 특임교수
이화여자대학교 한국학과 박사

공동 연구원 **이정연**
이화여자대학교 언어교육원 전임강사
한국외국어대학교 국어국문학과 박사

조정민
이화여자대학교 언어교육원 전임강사
이화여자대학교 국어국문학과 박사

윤여옥
이화여자대학교 언어교육원 책임강사
이화여자대학교 한국학과 석사

전우주
이화여자대학교 언어교육원 책임강사
이화여자대학교 한국학과 박사 수료

최형연
이화여자대학교 언어교육원 책임강사
이화여자대학교 한국학과 석사

주현하
이화여자대학교 언어교육원 책임강사
이화여자대학교 한국학과 박사